Heinrich Detering

»Juden, Frauen und Litteraten«

Zu einer Denkfigur
beim jungen Thomas Mann

Lieber Herbert,

in Erinnerung (nicht nur)

an unsere Gespräche über

diese Dinge in Weimar

und mit ganz herzlichen

Grüßen an Dich und Inge –

S. Fischer   Heinrich.

Göttingen, 1. 12. 05

Der Abdruck der handschriftlichen Notiz Thomas Manns [auf Seite 202/203]
erfolgt mit freundlicher Genehmigung des
Thomas-Mann-Archivs der ETH Zürich

© S. Fischer Verlag GmbH, Frankfurt am Main 2005
Satz Clausen & Bosse, Leck
Druck und Bindung GGP Media GmbH, Pößneck
Printed in Germany
ISBN-13: 978-3-10-014203-0
ISBN-10: 3-10-014203-9

Inhalt

Erstes Kapitel
Othello und Fräulein Kröger

1. Dunkles Gemüt und schwarze Haut

An entlegener Stelle, in einem Essay für den Berliner *Morgen*, hat
Thomas Mann im Juni 1907 eine Poetik des Stigmas formuliert.
Das Theater als Tempel war der Essay überschrieben, der dann zu
Beginn des folgenden Jahres in den umfangreichen *Versuch über
das Theater* einging. Von Wagners postchristlicher Kunstreli-
gion und dem »Symbolismus des Theaters« ist da die Rede, von
seinen notwendigerweise plump effektversessenen Wirkungs-
mitteln und von der ästhetischen Überlegenheit des in der
gebildeten Öffentlichkeit leider noch immer unterschätzten
Romans. Das Beispiel aber, an dem diese These demonstriert
werden soll, verselbständigt sich unversehens zu einem in sich
geschlossenen Passus, der das Thema scheinbar vorübergehend
ganz aus den Augen verliert und sich einer nicht nur ästhetischen, sondern zugleich existenziellen Frage zuwendet: dem
Verhältnis von Außenseitertum und Literatur. Dieser Abschnitt ist für Thomas Manns Werk von so – im doppelten Sinn
des Wortes – grundlegender Bedeutung, dass er hier vollständig zitiert werden soll.

> Aber der Symbolismus des Theaters reicht ja viel weiter und
> höher. Jede rechte Bühnen- und Schaugestalt großen Stils ist
> ein Sinnbild. Man denke sich den folgenden dichterischen
> Charakter. Ein Mann, edel und leidenschaftlich, aber auf
> irgend eine Weise gezeichnet und in seinem Gemüt eine
> dunkle Ausnahme unter den Regelrechten, unter »des Vol-
> kes reichen, lockigen Lieblingen«; vornehm als Ausnahme,
> aber unvornehm als Leidender, einsam, ausgeschlossen vom
> Glücke, von der Bummelei des Glücks und ganz und gar auf
> die *Leistung* gestellt. Gute Bedingungen, das alles, um die

»Lieblinge« zu überflügeln, welche die Leistung nicht nötig haben; gute Bedingungen zur Größe. Und in einem harten, strengen und schweren Leben wird er groß, verrichtet öffentlich ruhmvolle Dinge, wird mit Ehren geschmückt für seine Verdienste, – bleibt aber in seinem Gemüt eine dunkle Ausnahme, sehr stolz als ein Mann der Leistung, aber voller Mißtrauen in sein menschliches Teil und ohne Glauben daran, daß man ihn lieben könne. Da tritt ein junges Weib in sein Leben, ein lichtes, süßes, vornehmes Geschöpf. Sie liebt ihn um deswillen, was er tat und litt, sie verschmäht alle lockigen Lieblinge und erwählt ihn. Sein ungläubiges Entzücken lernt den Glauben. Sie wird seine Frau, und er ist in der Ehe fern von Eifersucht. »Sie hatte Augen ja und wählte mich.« Sie ist seine Versöhnung mit der Welt, seine Rechtfertigung, seine Vollendung, sie ist sein menschlicher Adel in Person. Und nun wird durch eine teuflische Ohrenbläserei dieser Mann langsam mit dem Verdacht vergiftet, daß sein Weib ihn mit irgend einem glatten und gewöhnlichen Burschen hintergehe. Langsam, unter Qualen zerfrißt der Zweifel seinen Stolz, seinen jungen Glauben an das Glück. Er ist dem Zweifel nicht gewachsen, er ist nicht sicher, die bittere Erkenntnis stellt sich ein, daß seinesgleichen nie sicher sein kann, daß er sein Leben niemals auf Glück und Liebe hätte gründen dürfen und daß mit dem Glauben an dieses Liebesglück nun auch sein Leben vernichtet ist. »Warum vermählt' ich mich?!« Er bricht zusammen; und der Rest ist das Chaos, ist Mord und Selbstmord. – Man denke sich diesen Mann und Gatten als Helden einer erzählenden Dichtung. Der Romandichter wird sich nicht unbedingt genötigt fühlen, der Figur die Abzeichen ihrer Wesensart mit pittoresken Strichen ins Gesicht zu malen. Im Gegenteil wird er vielleicht einen besonderen Reiz darin finden, das Äußere des Mannes in einen betonten ironischen Gegensatz zu seiner seelischen

Verfassung zu bringen, – so wird es ihn vielleicht lebenswahrscheinlicher dünken. Auf der Bühne aber, als Schaugestalt, ist dieser psychologische Typus – ein Mohr; er ist schwarz, seine besondere Art ist auf der höchsten Galerie als Schwärze sichtbar, er ist kein Typus mehr, er ist ein Sinnbild, ein Symbol, – der erhöhte Statthalter all derer, welche in irgend einem Sinne »schwarz« sind und darum nicht klug tun, sich zu vermählen ... (GKFA 14.1, 119 f., 155 f.)

All jenen Lesern, die dem Schreiber dieser Sätze privat begegnet waren, ja auch all denen, die ihn nur als öffentliche Person kannten, kann der autobiographisch-bekenntnishafte Unterton dieser Passage schwerlich verborgen geblieben sein. Indem er von den heiklen Voraussetzungen und Folgen einer womöglich unklugen Eheschließung erzählt, lässt er an eine Münchner Hochzeit denken, die zeitweise zum Stadtgespräch geworden war. Dass der Autor, der in Buddenbrooks die Geschichte der künstlerischen Sensibilisierung als Rückseite bürgerlichen Verfalls erzählt hatte, der im Tonio Kröger nicht nur an der bürgerlichen, sondern auch an der männlichen Tauglichkeit des Künstlers gezweifelt und die Ansicht vertreten hatte, es sei nötig, »in irgend einer Art von Strafanstalt zu Hause zu sein, um zum Dichter zu werden« (GKFA 2.1, 274; derselbe Gedanke im Tod in Venedig, ebd., 565), der endlich gar einen Brief an den geliebten Freund Paul Ehrenberg und dessen Bruder Carl als »Euer Tonio Kröger« unterschrieben hatte (am 8. Februar 1903; Br. III, 442) – dass also dieser Verteidiger »einer so regelwidrigen und nach menschlichem Ermessen aussichtslosen Existenz, wie ich es damals war« (GW XI, 746), in eine der ersten Familien der Münchner Gesellschaft eingeheiratet und eine bürgerlich respektable Existenz erreicht haben sollte: das erregte bei Weggefährten aus der Boheme Anstoß. Und es war ihm selbst erklärtermaßen unheimlich – »nun, da [...] er aus dem Freibeutertum des Geistes in einige Rechtlichkeit und bürgerliche

Verbindung eingetreten war, Amt und Ehren trug, Weib und
Kinder besaß, nun war er erschöpft und fertig.« So in jenem
Selbstporträt als leidender Schiller, das er bereits drei Monate
nach seiner Hochzeit, im Mai 1905, unter dem Titel *Schwere
Stunde* erscheinen ließ (GKFA 2.1, 422). Es hatte lange Zeit nicht
danach ausgesehen, als würde der Autor von *Buddenbrooks* und
Tonio Kröger diesen Weg beschreiten; und es war eine schwere
und lange von Selbstzweifeln überdauerte Entscheidung gewesen. Bis in die Zeit seiner Verlobung hinein, in den Jahren 1903
und 1904 vor allem, hatte Thomas Mann sich am Scheideweg
gesehen: zwischen Katia Pringsheim und Paul Ehrenberg, zwischen der bürgerlichen Solidität (oder jedenfalls deren äußerem Anschein) des Ehemannes, Familienvaters und Groß-
schriftstellers, der sich »eine Verfassung zu geben« beschließt
(so an Heinrich Mann, 17. Januar 1906; GKFA 21, 340) – und der
Bindung ans Außerbürgerliche, an die Boheme-Existenz eines
Außenseiters. Was Thomas Mann im selben Jahr, in dem er die
Geschichte Othellos nacherzählt hatte, mit nicht ganz unange-
strengter Heiterkeit *Im Spiegel* erblickt, das resümierte noch
einmal die lebensgeschichtliche Alternative, vor der er kurz zuvor gestanden hatte:

> Und nun? Und heute? Ich hocke verglasten Blicks und einen
> wollenen Schal um den Hals mit anderen verlorenen Gesel-
> len in einer Anarchistenkneipe? Ich liege in der Gosse, wie
> mir's gebührte?
> Nein. Glanz umgibt mich. Nichts gleicht meinem Glücke.
> Ich bin vermählt [...]. (Dezember 1907; GKFA 14.1, 183)

Der Südtiroler Dichter und Essayist Carl Dallago, ein seinerzeit
nicht ganz unbekannter Autor, stellte Thomas Mann noch
1912 öffentlich vor die Alternative: »Der Gesellschaft opfern
und Philister werden, oder *sein Leben leben* und vielleicht ein
Meister werden und zugrundegehen.« (GKFA 14.2, 435) Verrat,
so lautete der Vorwurf, habe Thomas Mann an den gemeinsa-

men Idealen der Kunst und der Lebensformen begangen – zuletzt in jener Selbstrechtfertigung, die er auf dem Umweg über ein Porträt des *Schlemihl*-Dichters Adelbert von Chamisso formuliert hatte. Ausgerechnet der Erfinder des auf ewig zur Einsamkeit verfluchten Peter Schlemihl, des rastlos um die Erde wandernden Mannes ohne Schatten, sei nämlich – das ist Thomas Manns Pointe – mit seiner Hochzeit zum sesshaften Bürger geworden:

> Es ist die alte, gute Geschichte. Werther erschoß sich, aber Goethe blieb am Leben. Schlemihl stiefelt ohne Schatten, [...] grotesk und stolz über Berg und Tal. Aber Chamisso, nachdem er aus seinem Leiden ein Buch gemacht, [...] wird seßhaft, Familienvater, Akademiker, wird als Meister verehrt. Nur ewige Bohèmiens finden das langweilig. (GKFA 14.1, 330)

Allerdings, höhnte Dallago dagegen, er seinerseits sei einer von diesen und gedenke es zu bleiben. Thomas Mann aber sei nun leider endgültig langweilig geworden, ein »Philister«. 1912 bringt Dallago diese Vorwürfe zum Druck – ausgerechnet in jenem Jahr also, in dem *Der Tod in Venedig* erscheint, dieses doch kaum verhüllte Selbstporträt eines akademischen »Meisters«, der mit dem Eingeständnis und dem physischen *Sichtbarwerden* seines homoerotischen Begehrens sein künstlerisches, ja sein physisches Ende kommen sieht.[1]

Der Othello-Abschnitt im Essay von 1907 resümiert ungleich diskreter diese private, ja intime Geschichte (und gibt ihren autobiographischen Hinter- und Untergrund durch die vielsagenden Punkte am Ende auch ebenso unbelangbar wie unmissverständlich zu erkennen). Und er erzählt sie doch auf eine völlig neue und andersartige Weise. In textgenealogischer Perspektive lässt er sich als Camouflage beschreiben, also als kalkulierte Differenz von Textoberfläche und Subtext, und zwar im Hinblick sowohl auf seine defensive Funktion (das Tabuisierte wird in einen Bereich zugelassener Rede transponiert, die Transposition wird unauffällig signalisiert) als auch auf seine produktiven Effekte (infolge der Transposition werden neue Erfahrungsbereiche erschlossen); die erotische Ausgrenzung verwandelt sich in eine ›rassische‹, ohne ihren Ursprungsbereich gänzlich unkenntlich zu machen.

Das Verfahren der Camouflage aber wird in Thomas Manns Othello-Paraphrase nicht nur praktiziert, sondern auch *demonstriert*. Was hier erzählt wird, ist auch die modellhafte Geschichte der literarischen Transformation individueller Erfahrung. Die Reichweite, der Geltungsanspruch und das Wirkungspotenzial dieser literarischen Stilisierung übersteigen ihren kontingenten Ursprung kategorial. Als sehr konkrete Erscheinung lassen sich die Mechanismen rassistischer Ausgrenzung zunächst lesen, als ein Exempel für die isolierende, diskriminierende und am Ende tödliche Gewalt rassistischer Kategorisierungen.

Darüber hinaus aber wird in Thomas Manns Essay das Darstellungsverfahren selbst reflektiert, erhebt er »Othellos Schwärze«[2] zur gleichnishaft-universellen Formel des Außenseiterdaseins schlechthin – ganz ähnlich wie in seinem auf Heinrich Manns Roman *Zwischen den Rassen* bezogenen Aperçu, dass »die ›Rasse‹ schließlich nur ein Symbol und Darstellungsmittel ist«.[3] Aus dem unanschaulichen dunklen Gemüt also wird im Prozess der ästhetischen Transformation die unübersehbare dunkle Haut, aus der »besonderen Art« das Sinnbild und Symbol, aus dem individuellen »Charakter« der »erhöhte Statthalter«. In solchen formelhaften Verkürzungen und Abstraktionen ist hier, jenseits aller autobiographischen Anspielungen, von jedem denkbaren Menschen die Rede, für den gilt, dass er »in seinem Gemüt eine dunkle Ausnahme unter den Regelrechten« ist, dass er diesen fortwährend empfundenen und erlittenen Makel wettzumachen hat – womit der Makel der Eigenschaft doch nur in den Makel ihrer auffälligen Kompensation verschoben wird[4] –, und der sich deshalb »ganz und gar auf die *Leistung* gestellt« sieht. Bis ins Pathos religiöser Redeweisen hinein wird diese Konstellation hier überhöht. Um nicht weniger als die »Rechtfertigung« des existenziell ins Unrecht Gesetzten geht es, seinen »Glauben« und dessen Enttäuschung, um »seine Versöhnung mit der Welt« – und um »die bittere Erkenntnis [...], daß seinesgleichen nie sicher sein kann« (GKFA 14.1, 155). Seinesgleichen, wer ist das? Es sind, antwortet der Essay, alle diejenigen, »welche in irgend einem Sinne ›schwarz‹ sind«.

Was Thomas Mann im *Versuch über das Theater* in seinem Schauversuch am Shakespeare'schen Objekt demonstriert, das ist also zunächst das verallgemeinernde Modell einer einmaligen und individuellen Lebens-Erfahrung. Und es formuliert zugleich wesentliche Verfahren seines eigenen *Schreibens*, seiner literarischen Darstellungen und Problematisierungen von Stigmatisierung. Wiederum gibt hier *Der Tod in Venedig* das krasseste und bekannteste Anschauungsbeispiel, bis hinein in die schauerliche Karikatur des Männerliebenden als eines tuntigen Gecken im Bild des »falschen Jünglings« – jenem Bild, dem am Ende der Geschminkte selbst immer ähnlicher wird (GKFA 2.1, 518 f. u. 585 f.).

Der unmittelbare Kontext der zitierten Passage behauptet allerdings das Gegenteil. Hier geht es ja, und zwar in durchaus polemischer Zuspitzung, um den Gegensatz zwischen den Darstellungsmöglichkeiten des Theaters und denen eines Romans und um den künstlerischen Vorrang des Letzteren. Die Schwärze Othellos, diese auch von der höchsten Galerie aus unübersehbare Visualisierung des Außenseitertums, ergebe sich nur aus den praktischen Erfordernissen eines *Theaters*, das eben um solcher plumpen Schaueffekte willen der ironischen Subtilität moderner Erzählkunst unterlegen sei. Im Gegensatz zum drastischen »Symbolismus des Theaters« also werde

der Romandichter [...] sich nicht unbedingt genötigt fühlen, der Figur die Abzeichen ihrer Wesensart mit pittoresken
Strichen ins Gesicht zu malen. Im Gegenteil wird er vielleicht einen besonderen Reiz darin finden, das Äußere des
Mannes in einen betonten ironischen Gegensatz zu seiner
seelischen Verfassung zu bringen. (GKFA 14.1, 156)

Tatsächlich? Das bisherige Werk Thomas Manns vor, neben
und nach den Buddenbrooks hat fast ausnahmslos das genaue Gegenteil gezeigt. Seit dem Kleinen Herrn Friedemann hat dieser
Geschichtenerzähler gerade einen besonderen Reiz darin gefunden, seinen Figuren die Abzeichen ihrer Wesensart mit
sogar derb pittoresken Strichen ins Gesicht zu malen.[5] Dass
beispielsweise »die Merkzeichen seiner Art sehr scharf auf seinem Gesichte« hervortreten, das ist keine Regieanweisung aus
einem Drama, sondern ein Erzählerkommentar am Ende von
Thomas Manns Wälsungenblut (einem Text allerdings, der nicht
zuletzt wegen dieser Schärfe vom Druck zurückgezogen werden musste). Nur dass es sich bei der so deutlich sichtbar wer-
denden »Art« hier nicht um diejenige eines Schwarzen handelt,
sondern um die eines Juden (GKFA 2.1, 463).

Nein, der Zusammenhang von »Gemüt« und »Gesicht« zeigt
sich in Thomas Manns Erzählungen keineswegs so zufällig und
so leicht wieder auflösbar, wie seine Gattungstypologie das unterstellt. Was ein Außenseiter ›ist‹, das sieht man ihm hier stets
an. In welchem Sinne auch immer diese Gestalten »schwarz
sind«, ihre besondere Art der Schwärze ist stets äußerlich wahr-
nehmbar. Und das nicht nur, weil der Erzähler sich keiner sub-
tileren Darstellungsmittel zu bedienen wüsste, sondern auch,
weil es sich hier um die erzählerische Mimesis gesellschaftlicher
Erfahrungen handelt: weil die Mechanismen sozialer Ab- und
Ausgrenzung selbst immer schon auf wieder erkennbare
äußere Markierungen ausgerichtet sind – sei es, dass sie vorhan-
dene herausheben und zum Merkzeichen erklären, sei es, dass sie er-

satzweise selbst welche erfinden und den Ausgegrenzten als Markierung anheften oder einbrennen. Was seit dem *Kleinen Herrn Friedemann* alle Außenseitergestalten Thomas Manns als »Abzeichen ihrer Wesensart« im Gesicht und am Körper tragen, das ist im engsten und buchstäblichsten Sinne des Wortes ihr *Stigma*. Wer es darstellen will – um es zu bekräftigen oder um es problematisieren –, der muss es *als* Stigma zeigen.

2. Stigma als Markierung

»Stigma«: In soziologischen, pädagogischen und psychologischen Forschungen wie in politischen und kulturellen Debatten der letzten Jahrzehnte hat dieser Begriff sich so verbreitet, dass er dabei zuweilen an Trennschärfe verloren hat. Wird er schon in Erving Goffmans klassischer Studie *Stigma. Über Techniken der Bewältigung beschädigter Identität*[6] auf die unterschiedlichsten Eigenschaften bezogen, die ihre Träger subjektiv und in der auf sie zurückwirkenden Außenwahrnehmung in ihrer Identität beschädigen, verletzen, ausgrenzen, so kann er in der öffentlichen Rede unserer Tage auf alle erdenklichen Erscheinungsformen von Denunziation, Ablehnung, Ausgrenzung bezogen werden. Dabei sind die Grenzen zwischen terminologischer und metaphorischer Verwendung nicht immer eindeutig zu bestimmen. »Stigma«: Das bezeichnete seit der Antike zunächst und im terminologisch engsten Sinn physische Zu- und Einschreibungen, die die Zugehörigkeit oder Nichtzugehörigkeit eines Tieres zur Herde oder eines Menschen zu einer sozialen Gruppe sichtbar anzeigen: Brandmarkungen oder Tätowierungen also wie jene, die im antiken Rom wie in der Zeit des Kolonialismus die Sklaven, im Mittelalter Prostituierte oder Straftäter kennzeichneten – oder wie jenes identifizierende Stigma, das in Hans Christian Andersens Roman O. T. dem Titelhelden buchstäblich auf den Leib geschrieben ist. Geboren

als Sohn einer Eingekerkerten im Zuchthaus von Odense
(»Odense Tugthuus«), trägt er die Schriftzeichen O. T. von
Geburt an eingebrannt auf der Schulter. Andersens genialer
Einfall, diese Buchstaben zugleich als die Initialen seines *Eigen-
namens* auszugeben (»Otto Thostrup«), signalisiert die unauflösliche, die für den Helden selbst lebenslang unentrinnbare
Verknüpfung dieser gesellschaftlichen Fremdzuschreibung,
dieser Fixierung einer schändlichen Gruppenzugehörigkeit,
mit seiner individuellen Identität. Und die Erhebung dieser
doppelsinnigen Buchstabenkombination zum Titel des *Romans*
schließlich, dem ersten Titel dieser Art in der Weltliteratur,
gibt diesen fiktionalen Text als Auseinandersetzung mit dem
Stigma zu erkennen: Die Schrift dieser individualisierenden
Lebensgeschichte wird den Schriftzeichen der Stigmatisierung
entgegengestellt, ohne ihren vorgängigen Prägungen doch
jemals ganz entkommen zu können.

Thomas Manns Parabel über die dunklen Ausnahmen im
Gemüt und den schwarzen Othello erlaubt es uns, den Begriff
des »Stigmas« in demselben engen Sinne zu verwenden wie sein
dänischer Lieblingsschriftsteller (ohne damit im Übrigen andere Verwendungen diskreditieren zu wollen und diskutieren
zu müssen): im Wortsinn also als Bezeichnung einer körperlichen Markierung, die ihren Träger als Außenseiter *brand-
markt*; als dasjenige Merkmal einer physischen Erscheinung,
das den Einen hervorhebt und von allen anderen trennt – und
zwar in einer von einem jeweils definitionsmächtigen Diskurs
als identitätsbestimmend fixierten Hinsicht.[7] Dabei sind die Grenzen fließend zwischen Merkmalen, die allein ein bestimmtes
Individuum kennzeichnen (etwa einem verkümmerten Arm oder
einem Buckel, physischer Hässlichkeit oder einem Sprachfeh-
ler), und solchen, die von vornherein die Zugehörigkeit zu
einer kollektiv stigmatisierten *Gruppe* markieren (etwa den
»Schwarzen«, den »Juden«, den »Homosexuellen«).

Bei den so als stigmatisierend klassifizierten Eigenschaften kann es sich um von außen zugefügte Merkmale handeln oder, wie im Fall Othellos, um angeborene, die dann als (mit *Wälsungenblut* zu sprechen) »Merkzeichen seiner Art« hervorgehoben und festgelegt werden. Auch die Letzteren aber stehen doch in dem Augenblick, in dem sie als *Stigmata* gelten, in einer Reihe mit von außen zugefügten Markierungen wie etwa dem eintätowierten Zeichen oder dem gelben Stern. »Merkzeichen« sind auch sie nicht ›von Natur aus‹, sondern aufgrund kultureller Zuschreibung, aufgrund also einer gesellschaftlichen und diskursiven Selektion und Klassifikation. Nicht was als Merkmal erscheint, stigmatisiert seinen Träger, sondern erst »die negative Definition des Merkmals bzw. dessen Zuschreibung«.[8] Keineswegs muss sich dieses *Labelling* auf kontingente, sichtbare oder hörbare Eigenschaften oder Eigenheiten der Gebrandmarkten beziehen – wohl aber ist dies, soweit ich sehe, in allen Stigmatisierungsdarstellungen des jungen Thomas Mann, um die es hier gehen soll, der Fall. Die Bemühungen der Betroffenen, solche Eigenschaften zu verbergen, führen entweder zu neuerlicher Bestätigung ihrer stigmatisierenden Funktion – oder erzeugen neue stigmatisierende Zeichen (etwa die Symptome des Verbergenwollens).

Das drastische Bild der Brandmarkung, des physischen Gezeichnetseins, der gewaltsamen Einschreibung eines ausgrenzenden Diskurses in den Körper des Ausgegrenzten: Dieses Bild gehört, wie sich in den folgenden Kapiteln zeigen wird, zu den Leitmetaphern des jungen Thomas Mann. Mit ihm resümiert er, so abkürzend wie anschaulich, die soziale und diskursive Konstruktion all jener Gruppen, die er manchmal (mit der durch Nietzsche popularisierten indischen Kastenbezeichnung) die »Tschandalas« der wilhelminischen Gesellschaft nennt. Das können die männlichen Anhänger eines »weiblichen Kulturideals« sein, »wir Tschandalas«, aber auch »der Typus des Juden, ›wie er im Buche steht‹, des fremden, physisch antipathischen Tschandala«.[9]

Wer sich so als stigmatisiert erfährt, wird einerseits diese Eigenheit zu verabscheuen lernen, wird womöglich sich selbst dafür hassen, ihretwegen von allen anderen getrennt zu sein, und wird sie also defensiv zu verbergen oder zu verleugnen trachten. Und er oder sie kann andererseits diese Eigenheit, insofern sie nicht zu beseitigen ist, offensiv gegen die ihm begegnende Definitionsmacht zu rechtfertigen, ja womöglich zum Zeichen höherer Erwählung umzudeuten suchen (und damit, sofern es beim Modus der Rechtfertigung bleibt, die Definitionsmacht eben doch wieder affirmieren). Selbsthass und -ekel einerseits, Selbstbehauptung andererseits: Diese Ambivalenz aller Stigmatisierungserfahrungen ist oft und gründlich erforscht worden, von der Erörterung eines etwaigen »jüdischen Selbsthasses« bis in theoretische Modellbildungen wie die »Stigma-Identitäts-These« hinein.[10] In Thomas Manns Frühwerk artikuliert sie sich, wiederum in einer bis ans Formelhafte verkürzten Begrifflichkeit, als der Übergang vom Dasein als ein »Gezeichneter« zu dem als »Ausgezeichneter«; auch davon wird in den nächsten Kapiteln die Rede sein.

Die Nichtzugehörigkeit der Stigmatisierten muss sich, das ist ein wesentlicher Bestandteil der sozialen Ausgrenzungsdynamik, allen Anpassungs- und Unterwerfungsanstrengungen zum Trotz *verraten*, muss sich der dauerhaften Kontrolle durch den Stigmatisierten selbst entziehen und ihn eben auf diese Weise der Beobachtung und der klassifizierenden Unterwerfung durch die anderen ausliefern. Derart »verräterisch« ist etwa die schwarze Hautfarbe Othellos oder die ›jüdische Nase‹ des Kunsthändlers Blüthenzweig (in Thomas Manns *Gladius Dei*), eine körperliche Missbildung wie Friedemanns Buckel oder Klaus Heinrichs verkümmerter Arm (in *Königliche Hoheit*), aber auch die zerfließende Schminke Gustav von Aschenbachs und die billige Perücke des »falschen Jünglings« (im *Tod in Vene-dig*). In derselben Weise stigmatisierend können bestimmte Eigenheiten der Schrift erscheinen – wie Yahya Elsaghe das für Detlev Spinell im *Tristan* plausibel gemacht hat[11] – oder solche der mündlichen Rede, das ›Jiddelnde‹ der Mutter Aarenhold etwa oder das explizite (wenngleich vom Erzähler fehlerhaft imitierte) Jiddisch der inzestuösen Zwillinge, die sich nach ihren geschlechtlichen Ausschreitungen nun auch sprachlich gehen lassen: »Beganeft haben wir ihn – den Goy« (*Wälsungen-blut*). Ein gerade für Thomas Manns Frühwerk wichtiger Son-derfall einer derart hörbaren Stigmatisierung sind Namen[12] – auch hier vor allem solche, die ihren Träger, allen etwaigen Assimilationsbestrebungen zum Trotz, als »jüdisch« verraten, Namen wie eben »Blüthenzweig« oder, im *Doktor Faustus*, »Kunigunde Rosenstiel«. Auf diese Markierung einer prekä-ren Gruppenzugehörigkeit kommt es bei der Konstruktion stigmatisierter Figuren an: Den Vermerk »(jüdisch)« fügt Tho-mas Mann, in einer Notiz mit Einfällen für mögliche Roman-figuren, dem Namen »Sammet« hinzu. Sprechende Namen wie »Piepsam«, »Klöterjahn«, »Jimmerthal« hingegen, die Thomas Mann für seine Figuren erfindet und die vor allem in den frü-hen Erzählungen oft nicht weniger denunziatorisch wirken, stehen hinsichtlich ihrer Charakterisierungsfunktion zwar in einer Reihe mit diesen ethnischen Markierungen, sind davon aber, als ersichtlich artifizielle und auf keine vorgegebene ge-sellschaftliche Normierung zurückgreifende Konstrukte, doch getrennt zu halten.

Eine nicht weniger wirkungsvolle Erscheinungsform eines unfreiwilligen und deshalb ausliefernden Hörbar- oder Sicht-barwerdens ist die verräterische Geste, die falsche Bewegung. »Die meisten [Homosexuellen]«, hat Thomas Manns früher Ge-währsmann Herman Bang in seiner 1909 verfassten Abhand-lung über Homosexualität und Kunst geschrieben, »lernen aber so aufpassen, daß sie sich nur durch den unwillkürlichen Tonfall eines einzelnen Wortes verraten«. Und er hat ein Beispiel hinzugefügt, das manchen Szenen in Thomas Manns Erzählungen nahe kommt:

> Ich habe einmal einen der größten Schauspieler meiner Zeit bis ins Herz beleidigt. Er hatte am Abend vorher eine große Rolle gespielt und fragte mich, wie ich ihn gefunden hätte. Ich antwortete: »Es war wunderbar, nur durfte ich während der Liebesszenen nie die Augen schließen, dann wußte ich nicht, ob *Sie* gesprochen oder Ihre Geliebte.« *Der* hatte sich eben verraten.[13]

In ganz vergleichbarer Weise ›verrät sich‹ Tonio Kröger, wenn er in der Tanzstunde Anschluss an die falsche Gruppe sucht, »unter die Damen« gerät und sich als »Fräulein Kröger« auslachen lassen muss. In dieser situativen Zuspitzung und topologischen Kontrastierung (auf der einen Seite die Herren, auf der anderen die Damen, dazwischen Tonio als einziger Quertreiber) vereindeutigt sich ein bis dahin noch diffuses Gemenge von Charakterzügen und Verhaltensweisen. Gerade in ihrer Beiläufigkeit demaskiert und entlarvt die Episode den bis dahin nur irgendwie ›unmännlichen‹ Helden unwiderruflich als einen Effeminierten. Die Antwort auf die viele Jahre und einige Druckseiten später an Lisaweta Iwanowna gerichtete Frage, ob ein Künstler wie er »überhaupt ein Mann« sei – diese Antwort hat »Fräulein Kröger«, mit ebendieser Anrede schon, in nicht zu vergessender Eindeutigkeit längst gehört. Gustav von Aschenbach wird sie wenig später in Venedig das Leben kosten.

3. »Juden, Frauen und Litteraten«

Es ist nicht ganz zufällig, dass die bis jetzt genannten Beispiele immer wieder um einen vergleichsweise begrenzten Ausschnitt aus der Menge all derjenigen kreisen, »welche in irgend

einem Sinne ›schwarz‹ sind«. Thomas Mann selbst hat – in
einem in der *Großen kommentierten Frankfurter Ausgabe* erstmals
veröffentlichten Entwurf aus der Zeit zwischen 1910 und 1912 –
die Ambivalenz der eigenen Stigmatisierungs-Erfahrung bün-
dig resümiert als »Ekel vor dem, was man ist, diese Untreue und
seltsame Unsicherheit des Ichs«; und er hat sie, mit einer überraschenden Wendung, auf drei *prima facie* denkbar unterschiedliche gesellschaftliche Gruppen bezogen: »diese Untreue und
seltsame Unsicherheit des Ichs«, so fährt er fort, »scheint in der
That die gemeinsame Eigenschaft der *Juden, Frauen und Litteraten*
zu sein.« (GKFA 14.2, 502; meine Hervorhebung)

Die vorliegende Studie versucht, diesen Satz zu verstehen
und seine Folgen für das Schreiben des jungen Thomas Mann
zu erfassen. Diese textnahe Rekonstruktion einer dominieren-
den Denkfigur in sehr unterschiedlichen Texten des Frühwerks zielt darauf, die unmittelbar von »Juden, Frauen und Litteraten« handelnden Passagen in einem weiteren Kontext dis-
kursiver Muster zu analysieren. Die philologischen Voraussetzungen dafür sind günstig. Mit den ersten Bänden der *Großen
kommentierten Frankfurter Ausgabe* liegt Thomas Manns frühes er-
zählerisches, epistolographisches und essayistisches Werk jetzt
mitsamt detaillierten Dokumentationen der Entwürfe und
Vorstudien, der Quellen und Entstehungsgeschichten in einem
nahezu lückenlosen Zusammenhang vor. Diese editorischen
Grundlagen machen es dringlich und möglich, einige alte Fragen (nicht allein die Streitfrage nach Thomas Manns Darstellungen von Juden) neu aufzunehmen und sie auszuweiten in
die Untersuchung bestimmender Denk- und Schreibzusam-
menhänge des Frühwerks. In Rede steht also die Zeit von den
ersten Schriften des Lübecker Gymnasiasten bis zum Kriegsausbruch 1914, vom neunzehnten bis ins vierzigste Lebensjahr, in
Erzählungen, Essays und Briefen; zweimal werden Seitenblicke
über die Grenze des Weltkriegs hinaus geworfen.

Die *Urszene* der Stigmatisierung als einer tödlichen Verletzung in Thomas Manns Werk – das ist der Tod des buckligen
Kleinen Herrn Friedemann in Thomas Manns 1896 geschriebener
Erzählung. Von der geliebten und auf ihn hinabsehenden Frau
befragt nach seinem Gebrechen, findet dieser vergebens Liebende und Begehrende sich unversehens konfrontiert mit der
Wirklichkeit des Stigmas, die er so lange verdrängt hatte. Indem das bis dahin immer Unaussprechliche ausgesprochen
wird, indem er gezwungen ist, sich selbst mit den Augen der
Anderen zu sehen, kommt der sorgsam errichtete Kunstbau
seines Daseins zum Einsturz: die Abtrennung des Ich vom
missgestalteten Körper, die epikureische Kompensation seiner
Ausgeschlossenheit durch die Kunst. Schon der Hass, der sich
in sein Begehren gemischt hat, ist der Spiegel-Reflex jenes Abscheus gewesen, den er im Blick der Geliebten sehen musste,
die internalisierte Aggression. Nun, im letzten Augenblick der
Erzählung, in jener Szene, die zur entscheidenden Aussprache
werden könnte – nun kehrt diese zum Selbsthass gewordene
Ausschließung, diese so lange verdrängte Kränkung zurück:

> Vielleicht war es dieser wollüstige Haß, den er empfunden
> hatte, wenn sie ihn mit ihrem Blick demütigte, der jetzt, wo
> er, behandelt von ihr wie ein Hund, am Boden lag, in eine
> irrsinnige Wut ausartete, die er bethätigen mußte, sei es
> auch gegen sich selbst … *ein Ekel vielleicht vor sich selbst*, der ihn
> mit einem Durst erfüllte, sich zu vernichten, sich in Stücke
> zu zerreißen, sich auszulöschen … (GKFA 2.1, 118; meine
> Hervorhebung)

Der Erniedrigte, der sich in dieser Vernichtungslogik nun
selbst auslöscht, ist schon nicht einmal mehr das menschliche
Wesen, das er einmal war. Behandelt »wie ein Hund«, in seinem
abgerissenen Liebesgeständnis nur noch stammelnd »mit einer
unmenschlichen, keuchenden Stimme«, wird er am Ende zum
Wurm, der sich bäuchlings ins Wasser schiebt und ertrinkt.

Die Szene ist berühmt geworden, ebenso berühmt wie Thomas Manns eigener Kommentar. »Seit dem ›Kleinen Herrn Friedemann‹«, schreibt er im April 1897 an seinen Vertrauten Otto Grautoff, »vermag ich plötzlich die diskreten Formen und Masken zu finden, in denen ich mit meinen Erlebnissen unter die Leute gehen kann« (GKFA 21, 89); in einem Brief vom Juni spricht er geradezu von »öffentlichkeitsfähigen Formen und Masken« (ebd., 95). Was diese Formulierungen beschreiben, ist die eigentliche Geburtsstunde des Geschichtenerzählers Thomas Mann aus der Erfahrung der eigenen Stigmatisierung (und Karl Werner Böhm hat diese Zusammenhänge subtil rekonstruiert):[14] »als seien irgendwelche Fesseln von mir abgefallen, als hätte ich jetzt erst Raum bekommen, mich künstlerisch auszuleben, als wären mir jetzt erst die Mittel gegeben, mich auszudrücken, mich mitzuteilen …« (ebd., 89).

Weit weniger bekannt aber (und selbst bei Böhm nicht weiter berücksichtigt) ist eine zweite Erzählung, in der Thomas Mann, kurz nach dem *Friedemann*, dieselbe Außenseiter-Erfahrung beinahe unverhüllt als eine der *geschlechtlichen* Stigmatisierungen geschildert hatte: *Luischen*. Zuerst veröffentlicht in der *Gesellschaft* vom 16. Januar 1900, also fast drei Jahre nach der Durchbruchserzählung, und erst weitere drei Jahre später aufgenommen in den Novellenband *Tristan*, wo sie neben den ungleich zarteren und vorsichtigeren *Tonio Kröger* zu stehen kam, hat diese sonderbare kleine Erzählung nie dieselbe Aufmerksamkeit gefunden wie die des elend sterbenden Buckligen. Dabei wird hier die von Tonio Kröger und Lisaweta Iwanowna vielsagend offen gelassene Frage, ob der Künstler überhaupt »ein Mann« sei (GKFA 2.1, 271), so grausam, so höhnisch und drastisch verneint, wie das im *Friedemann* noch undenkbar oder jedenfalls undarstellbar erschien.

Ermöglicht wurde diese Offenheit einerseits dadurch, dass hier der Held nicht als ein wirklicher Künstler erscheint wie der

Geiger Friedemann, der Schriftsteller Tonio Kröger, der Literat Detlev Spinell, sondern als dessen grausames Zerrbild: als schauerlich unbegabter Schauspieler, Sänger und Tänzer. Ermöglicht wurde sie zum anderen dadurch, dass jetzt das Leiden »an der Geschlechtlichkeit« (so Thomas Mann an Otto Grautoff am 8. November 1896) ebenso raffiniert versteckt wird wie der entwendete Brief in Poes Detektivgeschichte: auf der Oberfläche nämlich, für jedermann sichtbar und ebendeshalb ganz unverdächtig. Nicht mehr verkleidet in Formen und Masken aus »öffentlichkeitsfähigen«, nichttabuisierten Bereichen wie der körperlichen Gestalt oder der Hautfarbe erscheint das geschlechtliche Stigma hier. Sondern es ist nun selbst zur verräterischen Maske geworden, zur Verkleidung, die das Innere des Helden grausam nach außen kehrt und in greller Übertreibung vorzeigt. Hier, wo vor den Augen der Leser Männer-Weiblichkeit als Stigma inszeniert wird, lässt sich deshalb, eher noch als im *Friedemann*, die geschlechtliche Grunderfahrung von Stigmatisierung im Frühwerk Thomas Manns beobachten – und in eins damit eine Reflexion des Stigmas, seiner Entstehung und seiner künstlerischen Darstellung selbst.

Zweites Kapitel
»Das Ewig-Weibliche«

1. Luischen

Nichts Entsetzlicheres, als wie ein Frau zu erscheinen, wenn man ›von Natur aus‹ ein Mann ist. Der Rechtsanwalt Christian Jacoby geht daran zugrunde. Abstoßend hässlich, »überfett, ohne muskulös zu sein«; weißlich, fettig, bartlos und kinderlos, ist er wie der Literat Detlef Spinell in Tristan das vollkommene Gegenteil jener vitalen (und geistfernen) Männlichkeit, der Thomas Mann dort, anspielend auf die niederdeutsche Bezeichnung der Hoden, den Namen »Klöterjahn« gegeben hat. Die überhöflich-demütige Nachgiebigkeit, mit der Jacoby seine Ausgeschlossenheit von aller Welt zu kompensieren versucht, erscheint aller Welt, und infolgedessen in einer bösen Rückkoppelung auch ihm selbst, als hündische Selbstdemütigung, als Ausdruck »seiner fast kriechenden Selbstverkleinerung«. Erniedrigt und sich selbst verachtend, oder, wie es im Text mit einer beiläufigen und präzisen Wendung heißt: »gequält und abstoßend«, nennt er sich selbst einen »widerlichen Menschen« (GKFA 2.1, 162 f.). Amra, seine sinnlich-schöne, an Verstand arme und an Bosheit reiche junge Ehefrau, betrügt diesen Mann und Gatten ohne dessen Wissen mit einem Hausfreund, dem oberflächlichen und leichtfertigen, aber charmanten jungen Musiker Alfred Läutner. Inbegriff der verführerischen und zerstörerischen *femme fatale*, kostet sie die Hingabe des ihr devot ergebenen Ehemannes grausam aus. Ein nominell von Jacoby zu veranstaltendes Frühlingsfest gibt ihr den Anlass, »ein bißchen Theater spielen« zu lassen (167). Den Höhepunkt der Aufführungen, die sie auf der Bühne eines Gasthofs inszeniert, soll ein komischer Auftritt ihres Mannes bilden. In Babykleidern muss er, zu allem Überfluss von Amra und ihrem

Liebhaber vierhändig am Piano begleitet, als »Luischen aus dem Volke« ein von Läutner komponiertes komisches Lied vortragen und dazu ein wenig tanzen. Um nicht als Spielverderber zu erscheinen, willigt Jacoby ängstlich und widerstrebend in das ein, was er wider schlimmere Ahnungen einen »unschuldigen Spaß« nennt (173). Als er dann aber während seines erbärmlichen, vom Publikum mit einer Mischung aus Peinlichkeit und »Grauen« verfolgten Vortrags, in seiner Wahrnehmung jäh sensibilisiert durch eine gleichsam Wagner'sche Wendung in Läutners sonst banaler Musik, schlagartig die wahren Verhältnisse begreift: Da erleidet er einen Herzschlag und fällt tot zu Boden.

Wie die Markierung des Außenseiters Othello durch seine Hautfarbe in Thomas Manns Essay eingeführt wird als ein ›theatralisches‹ Wirkungsmittel, so ist auch das hier erzählte Geschehen selbst möglichst eng ans Theater angenähert und sein Held an die Schauspielerei. Eine Ehegeschichte wie diese, so erläutert der Erzähler einleitend, müsse die Leserphantasie einfach »hinnehmen, wie man im Theater die abenteuerlichen Verbindungen von Gegensätzen wie Alt und Stupide mit Schön und Lebhaft hinnimmt, die als Voraussetzung gegeben sind und die Grundlage für den mathematischen Aufbau einer Posse bilden« (160).

Im Wortsinn theatralisch, als grausig-groteske Entstellung eines Kunstwerks und eines effeminierten Künstlers, wird hier ein Stigma inszeniert, das die soziale Ausgrenzung, die Trennung des Einen von allen anderen, sichtbar macht bis auf die höchste Galerie hinauf. Was als dunkle Ausnahme das Gemüt des Titelhelden bestimmt: In dieser Posse wird es ihm, vor den Augen der Leser, als Merkzeichen, als sichtbar entlarvender Makel ins Gesicht und auf den Leib geschrieben. Dass er im Grunde wirklich so *sei*, wie ihn die Verkleidung zeigt: unmännlich, weibisch und *infolgedessen* »ein widerlicher Mensch« – das entspricht der Selbstwahrnehmung, die Jacoby erlernt hat, den internalisierten Empfindungen von Abscheu, Ekel und Hass. Und es entspricht folglich auch seiner gesellschaftlichen Selbstdarstellung. Erst die Maskierung seines Gesichts und seines Körpers aber, die uns der Text als eine diesem Körper von außen aufgezwungene Überschreibung vorführt, scheint dieses innere Wesen zu demaskieren (das zunächst wie bei Spinell nur allgemein als infantile Unmännlichkeit erschienen war). In dem Augenblick, in dem er so zur Schaugestalt geworden ist, begreift Jacoby mit der Sensibilität eines Künstlers, dem eine unverhofft subtile musikalische Wendung Augen und Ohren öffnen kann, blitzartig das wahre Verhältnis zwischen seiner Frau und ihrem Geliebten. Damit aber begreift er zugleich die spezifische Rolle, die ihm hier über alle grausam erniedrigende Komik hinaus zugeschrieben wird. Und wie für den kleinen Herrn Friedemann, so bedeutet diese Erkenntnis auch für ihn den Zusammenbruch seines sorgsam gehüteten (nur eben gegenüber dem des buckligen Epikureers ungleich verächtlicheren) Selbstbildes, seines notdürftig stabilisierten psychophysischen Systems, seiner Lebensfähigkeit.

Nicht allein an der Peinlichkeit also stirbt er, an der tödlichen Blamage – sondern auch daran, dass er sich in diesem Augenblick als aus dem Leben der anderen unwiderruflich Ausgestoßenen erkennt. Ist schon Friedemann von Gerda behandelt worden »wie ein Hund«, so hat Amra den Schwächling an ihrer Seite ausdrücklich als »gutes Tier« geduldet. Nun aber, in der letzten Szene seiner grausamen Tragikomödie, erkennt sich das Haustier als Hahnrei. Und das heißt in der spezifischen Konstellation dieser Szene: Er erkennt sich nicht nur als den Dritten zwischen seiner Frau und einem anderen Mann, sondern darüber hinaus als das ontologisch Ausgeschlossene zwischen Frau und Mann.

Nicht allein die mannweibliche Kostümierung, sondern schon die Figuren- und Schauplatzkonstellation dieser

Schlussszene stellt das in scharfen Konturen heraus. Hier, in der theatralischen Konfrontation der einen »dunklen Ausnahme« mit den vielen Regelrechten: Hier steht Jacoby in einer symmetrischen Dreieckskonstellation, herausgehoben auf der Bühne über dem Paar, das zu seinen Füßen nebeneinander am Piano sitzt. (In der Handschrift fehlt diese Symmetrie noch; erst in der Druckfassung hat Thomas Mann sie hergestellt.) Die Blicke der Zuschauer richten sich also gleichzeitig »auf dieses Paar am Klaviere und auf diesen Ehegatten dort oben …«

Gelesen in autobiographisch-textgenealogischer Perspektive, materialisiert sich in dieser Szene eine namenlose Angst vor dem plötzlichen Sichtbarwerden einer dunklen Ausnahmehaftigkeit »im Gemüt« vor aller Augen, vor dem Zusammenbruch aller Spiele mit Formen und Masken. Aber es bedürfte dieses Vorwissens gar nicht, um zu sehen, was hier mit dem Protagonisten geschieht. Der Anwalt Jacoby stirbt ja im Wortsinn als »Transvestit«. Das ist für den Leser umso auffallender, als der Plan der teuflischen Intrige zunächst eigentlich in eine ganz andere, ungleich harmlosere Richtung ging. Ausdrücklich ist sein Auftritt erdacht worden als der einer »Chanteuse mit einem rotseidenen Babykleide« (so Amra, 170), und nochmals: »In rotseidenem Babykleide!« (so Alfred, 172). Das sichtbare Merkzeichen aber, das Amra ihrem Gatten dann tatsächlich mit pittoresken Zügen ins Gesicht und auf den Leib malen wird, begnügt sich dann eben nicht mit solchen Zeichen einer infantilen Regression – wie sie durchaus auch zu dem (Selbst- und Fremd-) Bild dieses traurigen Helden gepasst hätten. Vielmehr kleidet sie ihn in einem Ensemble kultureller Codes einer grell überzeichneten Männer-Weiblichkeit, die das sexuelle Unvermögen ebenso drastisch persiflieren wie die daraus folgende Position zwischen den biologischen Geschlechtern: staffiert ihn aus als die Karikatur dessen, was im zeitgenössischen Homosexualitäts-Diskurs, bei Magnus

Hirschfeld, »das dritte Geschlecht« heißt. Statt im Babykleid
also tritt Jacoby folgendermaßen auf:

> Ein weites, faltenloses Kleid aus blutroter Seide, welches bis
> zu den Füßen hinabfiel, umgab seinen unförmigen Körper,
> und dieses Kleid war ausgeschnitten, sodaß der mit Mehl-
> puder betupfte Hals widerlich freilag. Auch die Ärmel waren
> an den Schultern ganz kurz gepufft, aber lange, hellgelbe
> Handschuhe bedeckten die dicken und muskellosen Arme,
> während auf dem Kopfe eine hohe, semmelblonde Locken-
> Coiffüre saß, auf der eine grüne Feder hin und wieder
> wankte. (177 f.)

Derart entstellend verkleidet, wird der »Ehegatte da oben« nun
obendrein auch noch als Karikatur eines Künstlers sichtbar gemacht, als Schauspieler, Tänzer und Sänger eines zweideutig-
frivolen Chansons, als Fummeltrine im Tuntentreff. So wirft er
sich »mühsam von einem Bein auf das andere [...], wobei er entweder mit beiden Händen sein Kleid erfaßt hielt oder mit kraft-
losen Armen beide Zeigefinger emporhob [...]«, und singt:

> »Den Walzertanz und auch die Polke
> Hat keine noch, wie ich, vollführt;
> Ich bin Luischen aus dem Volke,
> Die manches Männerherz gerührt ...« (178)

Ist dieser erbärmliche Künstler »überhaupt ein Mann«? Nein;
aber eine Frau ist er eben auch nicht. »Mir scheint«, wird Tonio
Kröger gegenüber Lisaweta hinzufügen, »wir Künstler teilen
alle ein wenig das Schicksal jener präparierten päpstlichen Sänger ... Wir singen ganz rührend schön. Jedoch –« (GKFA 2.1, 271)
Hier in Luischen ist das dort nur angedeutete Bild grässliche Rea-
lität. Jacoby, dieses Zerrbild mannweiblichen Künstlertums, ist
ein Nicht-Mann und eine Nicht-Frau.

Das muss nicht voreilig biographisch vereindeutigend gelesen werden. Jacoby steht dort *nicht* einfach als die Karikatur
eines effeminierten Homosexuellen, als der er ja doch ausstaf-

fiert ist. Sondern er steht dort zunächst und vor allem (was kein ausschließender Gegensatz sein muss) als das schlechterdings Unmögliche, als das nicht lebensfähige und deshalb umgehend dem Tod verfallende, ausgeschlossene Dritte.

Nun ist aber die Männer-Weiblichkeit dieses »Luischens« im Text schon früher demonstriert worden – weniger augenfällig und auf sehr andere Weise. In der einen Szene, in der uns sein intimer Umgang mit Amra geschildert wird, sehen wir ihn zwar »so demütig und angstvoll« wie sonst auch. Doch nun, in der Intimität eines Dialogs ohne Zuschauer, unter Ausschluss der Gesellschaft, gewinnen seine geflüsterten Liebesbeteuerungen gerade in ihrer Ziel- und Hilflosigkeit eine Zartheit, in der seine Männer-Weiblichkeit auf einmal als überlegen erscheinen kann (und sein Wesen in einer anderen, beinahe heroischen Beleuchtung):

> Oftmals, spät abends, wenn Amra […] sich zur Ruhe gelegt hatte, kam der Rechtsanwalt, so leise, daß man nicht seine Schritte, sondern nur das langsame Schüttern des Fußbodens und der Meubles vernahm, an ihr schweres Bett, kniete nieder und ergriff mit unendlicher Vorsicht ihre Hand. […] Er aber, während er mit seinen plumpen und zitternden Händen behutsam das Hemd von ihrem Arm zurückstrich und sein traurig dickes Gesicht in das weiche Gelenk dieses vollen und bräunlichen Armes drückte […], – er begann mit unterdrückter und bebender Stimme zu sprechen, wie ein verständiger Mensch eigentlich im alltäglichen Leben nicht zu sprechen pflegt. »Amra«, flüsterte er, »meine liebe Amra! […] Ich liebe dich so sehr, daß sich manchmal mein Herz zusammenzieht und ich nicht weiß, wohin ich gehen soll; ich liebe dich über meine Kraft! Du verstehst das wohl nicht […].« (GKFA 2.1, 163 f.)

Aus den halb autobiographischen, halb schon fiktionalisierten Aufzeichnungen Thomas Manns aus der Zeit seiner am Ende

vergeblichen Werbung um die Liebe Paul Ehrenbergs kann
man so viele ähnliche Formulierungen zusammentragen, dass
auch hier der autobiographische Subtext und die Genealogie
der Figurenkonstellation aus den eigenen Aufzeichnungen unübersehbar werden.[1] Und doch bedürfte es für einen Leser dieser Erzählung einer solchen Kenntnis abermals kaum, um die
Spannung zu bemerken, die hier zwischen der gesellschaftlichen und der privaten, ja intimen Ansicht der Figur erzeugt
wird. Das Ergebnis dieser Spannung ist eine unauflösliche *Ambivalenz* in der Beurteilung des Protagonisten – unauflöslich
deshalb, weil sie je danach ausfällt, welche der beiden im Text
bereitgestellten Perspektiven der Leser einnimmt. Einerseits
erscheint Jacoby, auch dort, wo er allenfalls das Mitgefühl des
Lesers wecken kann, als eine peinliche, ja abstoßende Figur, wie
in seiner Außenansicht, so auch in seiner Selbstwahrnehmung.
In dieser Perspektive bestätigt jede neue äußere Erniedrigung
einen Selbsthass, der letztlich immer schon auf den Tod zielt,
der ihn am Ende ereilt. Andererseits aber erscheint dieses
Wechselspiel von einander bestätigenden Selbst- und Fremd-
wahrnehmungen als ein entsetzlicher Irrtum über sein wirk-
liches Wesen – in den er mit seinem Selbstbild gleichsam ein-
willigt, in dem er das Urteil der Anderen angstvoll antizipiert.
In dieser zweiten Perspektive erweist sich Jacobys Inneres als
zart und sanftmütig, hingebungsvoll liebes- und leidensbereit,
unbedingt und bis zur Selbstverleugnung treu in seiner Liebe.

Gerade weil Jacoby äußerlich wie einer »jener präparierten
Sänger« zwischen den biologischen Geschlechtern zu stehen
scheint, ist die Weiblichkeit seines sich in intimer Zweisamkeit
zeigenden sozialen Geschlechts umso auffallender. Das *gender*-
Konzept, das er in der Werbung um seine Frau verkörpert, steht
quer zu den *sexes*. Jacobys finale Verkleidung soll ihn als einen
›Weibischen‹ öffentlich denunzieren. Aber was damit, verzerrt
durch Abscheu und Spott, aggressiv entstellt und ausgestellt

wird, das ist *Weiblichkeit*. Nein, Christian Jacoby ist weder ein ›richtiger‹ Mann noch eine ›wirkliche‹ Frau. Und ebendeshalb, eben *als* ein die biologischen Geschlechterordnungen durchkreuzender Außenseiter und Einzelgänger, repräsentiert er allein in dieser Erzählung das, was Thomas Mann wenig später als ein »weibliches Kulturideal« beschreiben wird.

Im selben Jahr, in dem *Luischen* in der Buchveröffentlichung an Tonio Krögers Seite trat, hat Thomas Mann in einem Essay ebendieses Konzept einer konstitutiven Künstler-Weiblichkeit offensiv und explizit proklamiert. Er hat es veranschaulicht am Werk einer zeitgenössischen jungen Schriftstellerin – einer, wie sich zeigen wird, sehr besonderen Schriftstellerin. Und er hat es, zur höchsten ihm verfügbaren Pathosformel greifend, resümiert in Goethes Wendung vom »Ewig-Weiblichen«. Legt man *Luischen* und *Das Ewig-Weibliche* nebeneinander, so werden im Werk selbst die beiden Seiten der Stigma-Erfahrung erkennbar, aus der es hervorgegangen ist: der gequälte Selbsthass und die kühne Selbstbehauptung.

2. Esther Franzenius

»Wer kennt ›Die Hochzeit der Esther Franzenius‹ von Toni Schwabe? ›Der stehe auf und rede!‹« Mit dieser Frage und dieser Aufforderung beginnt Thomas Manns Essay *Das Ewig-Weibliche* (in der Münchner Wochenschrift *Freistatt*, 1903); und da die Zuhörer vermutlich geschlossen ihren Platz behalten werden, kann er nun selbst das Wort ergreifen. Er selbst nämlich hat dieses Buch, »das seiner Gattung nach so etwas wie ein Roman ist«, nicht nur gelesen – er ist als einstiger Lektor des Verlags Albert Langen sogar »ein wenig mitschuldig an seinem Erscheinen«:

> Ich weiß noch, wie ich's entdeckte. Ich stöberte verdrossen in einem Manuskripthaufen, einem ganzen Berge von dummem Zeug, das keck, hoffnungsvoll und mit vorzüglicher

Hochachtung Herrn Albert Langen eingesandt worden war, damit er es verlege, und stieß so auch auf dies kleine Paket beschriebener Blätter. Folioformat war's und eine große, klare, gerundete Handschrift. Ich las – und fühlte mich gefesselt. [...] Ich pries und empfahl es dann nach Kräften, und als es gedruckt war, las ich's mit demselben stillen Entzücken zum zweitenmal ... (GKFA 14.1, 54 f.)

Das ist keine nachträgliche Fiktion, sondern wird durch ein bisher unbekanntes Dokument beglaubigt. In Toni Schwabes Nachlass im Weimarer Goethe- und Schiller-Archiv findet sich eine undatierte Darstellung der Publikationsgeschichte aus der Sicht der Verfasserin selbst. Auf das unverlangt eingesandte Manuskript einer gerade dreiundzwanzigjährigen, unbekannten Autorin habe, so erinnert sie sich, der Lektor Thomas Mann unerwartet prompt reagiert. In seinem bislang unveröffentlichten, nur in dieser Wiedergabe überlieferten Brief heißt es:

Was an mir liegt, will ich tun, um Ihre schöne Arbeit bei Albert Langen herauszubringen. Zur Zeit ist Herr Langen verreist und hält sich in Frankreich auf. Ich schicke ihm das Manuskript zu. Sie werden direkt von ihm hören.[2]

So rasch Thomas Mann damals auf das Manuskript reagiert hat, so umgehend hat er, wie es scheint, auch seinen Essay noch vor der Veröffentlichung direkt an die Autorin gesandt. Zwischen ausführlichen Klagen über Melancholie und Einsamkeit findet sich in Toni Schwabes (ebenfalls unpublizierten) Tagebuchnotizen der Stoßseufzer: »Etwas Gutes aber habe ich doch inzwischen erlebt: die Kritik von Thomas Mann. Wenn ich noch jung und mutig wäre und *noch unverletzt*, dann ginge ich zu ihm.«[3] Datiert ist dieser Eintrag auf den 14. Januar 1903 – veröffentlicht wurde *Das Ewig-Weibliche* aber erst am 21. März (GKFA 14.1, 54–59).

Der Satz »Ich las – und fühlte mich gefesselt« könnte kaum

nachdrücklicher beglaubigt werden als durch diese Umstände.
Die Frage, wodurch dieser Roman ihn derart gefesselt habe,
stellt er sogleich selbst:

> Wodurch? O, auf die sanfteste Weise! Nichts von Atemlosig-
> keit. Nichts von wütenden und verzweifelten Attaquen auf
> des Lesers Interesse. Ein beseeltes Wort, das betroffen und
> glücklich aufhorchen ließ. Ein lebendiges Detail, das plötz-
> lich irgendwo zart erglänzte und vorwärts lockte. Und bei
> jeder Zeile verstärkte sich die Gewißheit, daß dies etwas
> sei. Und zwar Kunst. Und zwar auserlesene Kunst … (54)

Energisch führt Thomas Mann die »leise und innig bewegte
Sprache«, den »Zauber dieser romantischen Prosa-Dichtung«
ins Feld gegen die lautstark effektversessene Direktheit und
Sinnlichkeit anderer Verfasser, in denen unschwer das Vorbild
des Bruders Heinrich zu erkennen ist: eine »Sprache von sanfter
Gehobenheit, die in außerordentlichen Momenten das gehaltene Pathos der Bibel streift.« Diese Sprache bewundert Thomas
Mann an Toni Schwabes Roman, und diesem Vorbild schmiegt
nun auch seine eigene Meta-Sprache sich an – angefangen mit
der Beteuerung, »dies hier« solle »keine Besprechung« sein, sondern solle nur »andeuten […], worin der Zauber dieser romantischen Prosa-Dichtung besteht.« (55) Dort, im Roman, bilden
zarte Innigkeit und biblisches Pathos die beiden Enden eines
stilistischen Kontinuums, das dem Ideal sensitiver »Weiblichkeit« entspricht und es zum Ausdruck bringt. Hier, im Essay,
beglaubigen sie die Zusammengehörigkeit des männlichen
Rezensenten und der weiblichen Rezensierten in der beiden gemeinsamen Verehrung eines »weiblichen Kultur- und
Kunstideals«. Diesem Ideal gilt der Essay.

Mehrmals betont Thomas Mann die Affinität Toni Schwabes
zum Liebestod in Wagners *Tristan* und zu jener Wehmut in der
Lyrik Storms, in der auch Tonio Kröger (mit fast denselben
Worten) sein Lebensgefühl artikuliert gefunden hat:

Eine zarte Eindringlichkeit der Wirkungen wird erzielt, die, um es näher zu bezeichnen, ungefähr das Gegenteil ist von jener Blasebalgpoesie, die uns seit einigen Jahren aus dem schönen Land Italien eingeführt wird. Zuweilen bei Storm kommen Stellen, wo ohne den geringsten sprachlichen Aufwand die Stimmung sich plötzlich verdichtet, wo man die Augen schließt und fühlt, wie die Wehmut einem die Kehle zusammenpreßt. Ähnliches findet sich hier. Man staunt, mit welcher Schlichtheit der Anschauung und des Ausdrucks auf einmal etwas Durchdringliches und Unvergeßliches erreicht wird. [...] Und hie und da erscheinen ein paar Zeilen Zwiegespräch, die fast gar nichts besagen und doch wie Nebelstreifen sind, die über unergründlichen Tiefen schweben. (55 f.)

Was hier gepriesen und der italienischen »Blasebalgpoesie« des ungenannten Heinrich entgegengesetzt wird, das ist – schon die pathetische Überschrift des Essays hat das angekündigt – die Erzählung einer Schriftstellerin über eine einsame und leidende Frau: Ihre »Kenntnis des Leidens« und der »leidenden Liebe«, ihre »überschwängliche Zartheit, die aus der tiefsten Inbrunst stammt, und freilich ohne Keuschheit, die ganze Spannung der Keuschheit nicht möglich ist« und bis dahin reicht, »wo das Gefühl sich ins Transcendentale erhebt und steigert«, deuten auf das »Ewig-Weibliche« hin (58 f.). Diese Eigenschaften aber ähneln, wie unschwer zu bemerken ist, ebenjenen, mit denen sich der weibliche Christian Jacoby vor seiner herrischen Ehefrau erniedrigt und lächerlich gemacht hatte. Hier, am Beispiel der Esther Franzenius, werden sie erhoben zu Tugenden; im scharfen Gegensatz zu jener in maliziöse Gänsefüßchen gesetzten »Schönheit«, die von »steifen und kalten Heiden« wie seinem Bruder und in dessen sexualisiertem »Renaissance«-Kult verehrt wird. Mehr noch, was in Luischen noch hässlich und lächerlich war – hier wird es ausdrücklich und emphatisch um-

gedeutet zur heimlichen Auserwähltheit, ja zur christo-
morphen Überhöhung und Erlösung:[4]

> Viel Liebe ist in dem Buch und viel Kenntnis des Leidens.
> Denn wer die Liebe kennt, kennt auch das Leid. (Wer sie aber
> nicht kennt, der kennt höchstens »die Schönheit«.) Die Vor-
> nehmheit, Auserwähltheit, Weihe und bleiche Lieblichkeit,
> die Häßlichkeit, Lächerlichkeit und böse Verstocktheit des
> Leidens, – alles ist darin, und einmal, in jener kleinen, tief
> romantischen Scene am Berberitzenstrauch, tritt wie eine
> verdichtende und zusammenfassende Vision das Bild des
> Frauenhauptes daraus hervor, in dessen Haar die roten
> Beeren hängen, »wie Blut, das unter einem Dornenkranze
> niedertropft«, – ein Symbol der leidenden Liebe.
>
> Genug! … Was ich sagen wollte, ist dies: Uns armen Plebe-
> jern und Tschandalas, die wir unter dem Hohnlächeln der
> Renaissance-Männer ein weibliches Kultur- und Kunstideal
> verehren, die wir als Künstler an den Schmerz, das Erlebnis,
> die Tiefe, die leidende Liebe glauben und der schönen Ober-
> flächlichkeit ein wenig ironisch gegenüberstehen: uns muß
> es wahrscheinlich sein, daß von der Frau *als Künstlerin* das
> Merkwürdigste und Interessanteste zu erwarten ist, ja, daß
> sie irgendwann einmal zur Führer- und Meisterschaft unter
> uns gelangen kann. (58 f.)

In den gesperrt ans Ende gesetzten Schlussworten aus Goethes
Faust findet der Schreiber dann gültig, endgültig formuliert,
was die Musik Wagners und die Dichtungen Storms und jetzt
der unbekannten Toni Schwabe umkreisen. Als ein so von
höchster Stelle legitimiertes *gender*-Konzept der Kunst stellt
Thomas Mann dem »Hohnlächeln der Renaissance-Männer«
das künstlerisch wie religiös überhöhte Bild eines »Ewig-Weiblichen« entgegen.[5] Und nun endlich kann er in einer so überraschenden wie kühnen Schlusswendung sich selbst mit diesem
»weiblichen Kultur- und Kunstideal« identifizieren:

Es ist nichts mit dem, was steife und kalte Heiden »die Schönheit« nennen. Das Endwort des »Faust« und das, was am Schlusse der »Götterdämmerung« die Geigen singen, es ist Eins, und es ist die Wahrheit. Das Ewig-Weibliche zieht uns hinan. (59)

Dass es Thomas Mann hier eigentlich schon von den ersten Zeilen an um ein *gender*-Konzept ging, das mit den biologischen *sexes* keineswegs zur Deckung kommt, das wird andeutend schon bemerkbar, wenn man die schwebend-mehrdeutige Verwendung des Titel- und Schlüsselwortes verfolgt und die Begriffsverbindungen im Auge behält, die es eingeht. Nicht von Frauen in einem aufs Biologische und Anatomische begrenzten Sinne ist hier die Rede, sondern von einer weiblichen Kunst und Kultur. Diese aber ist Angehörigen beider biologischen Geschlechter zugänglich (oder eben verschlossen). Nicht um das ewige Weib geht es, sondern um das Ewige selbst als das Weibliche.

Soweit vorerst Thomas Manns Essay. Aber – »Wer kennt ›Die Hochzeit der Esther Franzenius‹ von Toni Schwabe?« Liest man den rezensierten Roman in Kenntnis von Thomas Manns Rezension, so erweist sich deren pathetische Proklamation in der ersten Person Plural als noch waghalsiger. Denn hier geht es durchweg nicht nur um erotische Rollenkonflikte, sondern darüber hinaus auch um unterschiedliche Formen *erotisch abweichenden Verhaltens* – nicht nur um literarisch vergleichsweise ›konventionelle‹ Eifersuchtsgeschichten, sondern auch um das Verlangen eines Greises nach einem ganz jungen Mädchen, diese von Thomas Mann beiläufig hervorgehobene »unheimliche und unmögliche Leidenschaft« und, dies vor allem, um lesbisches Begehren. Auf weite Strecken erzählt Toni Schwabes Text, in subtiler Camouflage oder in halber Offenheit, von gleichgeschlechtlichen Beziehungen zwischen Frauen, darüber hinaus dann auch von Beziehungsformen, die wir (mit einem

nicht unproblematischen Begriff) behelfsweise ›bisexuell‹ nennen könnten. »Weiblichkeit« – das meint bei Toni Schwabe zunächst: Androgynie.

Schon die Titelheldin selbst erscheint von Beginn an als eine
Gestalt, die weibliche und männliche, mädchenhafte und knabenhafte Züge vereint.[6] Esthers Gesicht erhält »in übermütiger
Lustigkeit einen knabenhaften Zug« (TS, 48). Die allgemein
wahrnehmbare »übermütige Knabenlust, ihre Körperkräfte zu
erproben« (TS, 70), entspricht ihrem geschlechtlichen Selbstbild, genauer: dem *gender*-Konzept, das sie von sich selbst
besitzt: »Ach wenn ich doch lieber ein Mann wäre!‹ seufzte
Esther. ›[…] man kommt sich als Frau älter vor.‹« In Thomas Manns Essay wird diese Passage wörtlich zitiert.

Im Roman ergeben sich aus dieser *gender*-ambivalenten Figurenkonzeption zwei unterschiedliche Handlungsstränge.
Der gleich zu Beginn eingeführte – und gegenüber den vom
Titel geweckten Lesererwartungen überraschendere – besteht
aus einer Abfolge gleichgeschlechtlicher Konstellationen. Die
erste davon wird gleich auf den ersten Seiten des Romans vorgestellt: »Da war die Freundschaft mit Lydia.« Lydia gehört –
ohne weitere Erläuterung – »zu den Ausgestoßenen«, sie teilt
mit der Heldin das Zimmer, und sie ist in diese Heldin verliebt:

> »Wolltest du nie jemanden, den du liebst, und der dich lieb
> hat, Lydia?«
> »Ich habe ja dich. Ich möchte niemand sonst.«
> »Möchtest du keinen Mann, wie die anderen Mädchen?« […]
> »Wer auch zu mir käme, ich wollte niemand als dich.«
> (TS, 8 f.)

Ort der zweiten gleichgeschlechtlichen Konstellation ist ein
einsamer Hof in Dänemark. Diesmal ist es Esther selbst, die
sich verliebt, und zwar in Luise, die Tochter ihrer Gasteltern.
Und diesmal wird die Darstellung einer erotischen Schwärmerei zumindest metaphorisch ins manifest Sexuelle hinüberge-

spielt. Einmal überrascht Esther die Freundin beim einsamen Spiel am Spinett. Louise, heißt es da, »strich mit einer verlegenen Bewegung über die Tasten, gleich als hätte sie einen entblößten Körper zu verdecken. ›Und wolltest du nicht spielen, wenn jemand es hörte?‹« (TS, 17) Nein; allein Esther darf zuhören, und ihr bekennt Louise nach dem Spiel:

> »ich meine, wir hören zuweilen einen Menschen etwas sagen, das kaum für uns berechnet war, das gewiß in keiner persönlichen Absicht zu uns gesprochen wurde, und doch kommt es zu uns, ja es – ›verführt‹ uns.«

Esther mochte nicht Louise ansehen. Sie neigte nur den Kopf und sah wie bisher weit hinaus aufs Meer. Und ganz da draußen, dort wo die Unendlichkeit beginnt, konnten sich vielleicht ihre Blicke begegnen. Und vielleicht wurde dort das Schweigen gebrochen, das sich hier jetzt über sie legte.[7]

Den Schluss dieser Szene zitiert Thomas Mann in seinem Essay wörtlich, als Beispiel für die zarte Umschreibung »des Liebesgeheimnisses selber« (GKFA 14.1, 58). Auch die im Zitat diskret unterschlagene Einführung aber, die Analogisierung von Instrument und Körper, Musik und Sexualität könnte ihm bekannt vorgekommen sein – »Ich weiß, wovon du spielst«, hat bei einer gar nicht so ganz unähnlichen Gelegenheit Kai zu Hanno Buddenbrook gesagt (GKFA 1.1, 820).

Erotische Anziehung zwischen Mädchen und Frauen gehört in diesem Roman so selbstverständlich zur alltäglichen Erfahrungswelt, dass sie auch an Nebenfiguren beiläufig bestätigt wird. Im Laufe des Textes deuten sich so die unterschiedlichsten Facetten lesbischer Beziehungsformen an. Bei einem Sommerausflug in die Heide etwa sehen wir im Geschehenshintergrund »Julie und Alexandra, die beiden Sechzehnjährigen, im liebevollsten Zweikampf miteinander in den weichen Büscheln des Heidekrautes« ringen und beobachten die Leidenschaft der Lehrerin, die eine einstige Lieblingsschülerin »nun in jedem

Sommer« besucht, »um ganz im Innern ihrer kleinen zer-
knirschten Gouvernantenseele wahre Orgien der Bewunderung für ihre frühere Schülerin zu feiern«. (Die Genitivmeta-
pher spielt auch hier mit der Ambivalenz von ›platonischer‹
Schwärmerei und sexueller Handlung; 20 f.)

In dem so markierten Kontext entwickelt sich nun die dritte
und für das Romangeschehen entscheidende lesbische Beziehung der Protagonistin. Die noch halb kindliche Eliza hat »in
beginnender Koketterie« für Esther »eine große und plötzliche
Liebe gefaßt« und bedrängt sie nun »mit wunderlichen Fragen
und Forderungen«. (TS, 22 f.) Esther rezitiert ihr Liebesgedichte,
lässt sich Zärtlichkeiten gefallen; und das nie erfüllte Liebesver-
hältnis bleibt als dunkle und schmerzliche Gegenstimme den
gesamten Roman hindurch hörbar.[8] Und auch hier kommt es zu
einer Szene, in der die Metaphorik camouflierend zu verstehen
gibt, was die explizite Schilderung nicht aussprechen darf:

> Da ließ das Mädchen mit einer sonderbar hilflosen Bewe-
> gung den Kopf auf Esthers Schulter sinken und weinte. –
> Sie weinte immer mehr und sagte dazwischen: »ich weiß gar
> nicht, warum es ist – ich verstehe mich gar nicht.« – Und
> Esther zog sie zu sich heran. Sie fühlte die Wärme ihres Kör-
> pers zu der andern übergehen wie im instinktiven Beschüt-
> zenwollen erwachender Mütterlichkeit und spürte, daß
> Eliza ruhig wurde und auf ihren Herzschlag hörte. [...] Zwi-
> schen den beiden Mädchen blieb es jetzt still. Draußen ging
> die Dämmerung und verhüllte das Land. Und an dem dicht-
> grünen Schutzzaun nagte der Wind, vergebens mit seinem
> leisen, gierigen Stöhnen Einlaß suchend. – (TS, 30 f.)

Nun begnügt sich Toni Schwabes Roman nicht mit solchen
kaum verhüllten *Schilderungen* gleichgeschlechtlichen Begehrens, sondern entwickelt aus ihnen grundsätzliche *Reflexionen*
zur seelischen Beschaffenheit dieses Begehrens und zu seiner
moralischen *Legitimation*. Bereits Elizas »große und plötzliche

Liebe« zu Esther wird von der Erzählerin sogleich genauer bestimmt, nämlich als

> Jene auf unfehlbarem Instinkt beruhende Leidenschaft der
> Seele, wie sie heranwachsende Menschen oft zu Personen des
> eigenen Geschlechts überkommt. Ein Gefühl, das weder un-
> ter dem Begriff »Liebe« noch »Freundschaft« steht, vielmehr
> eine unendlich verfeinerte Essenz dieser beiden Empfindun-
> gen darstellt. Man könnte denken, es sei eben nur ein Vor-
> recht der ganz reinen Seelen, weil die vernünftigen und ge-
> reiften Menschen nur mit dem vernünftigen und gereiften
> Spott darauf herabzulächeln pflegen, den sie für alle hohen,
> der baren Nutzbarkeit entfremdeten Dinge bereit halten. –
> (TS, 23)

Schon hier ist der Begriff der seelischen »Reinheit« verschieden
von dem der Keuschheit. Nicht um einer geschlechtlichen Ent-
haltsamkeit willen ist Elizas »Leidenschaft [...] zu Personen des
eigenen Geschlechts« legitimiert, sondern als eine Liebe, die
»der baren Nutzbarkeit entfremdet« ist und so von biologischer
Natur in humane Kultur geläutert worden ist. Was das heißt,
wird wenig später expliziert, und zwar im Dialog zwischen Esther und einem jungen Mann, Elizas Bruder Arne:

> »Es ist nicht ›rein‹ [behauptet Esther], wenn ein Mädchen
> nichts anderes von der Liebe will, als Mutter werden –«
> »Das ist die Reinheit der Natur!«
> »Doch wohl nicht so ganz –« Esther zögerte ein wenig sich
> auszusprechen, aber dann sagte sie: »Das ist vielleicht die
> Natur des Tieres und ursprünglich des Menschen auch – wie
> wir aber jetzt sind, haben wir zu sehr die zweite Natur: die
> Seele in uns entwickelt, als daß uns nicht andere und – gött-
> lichere Dinge zusammenführen. Mir scheint, eine vollkom-
> mene Liebe ist Sehnsucht nach der andern *Seele* – nicht nur
> Mittel zu einem Zweck der Natur.« (TS, 39)

Auch dieser letzte Satz wird in Thomas Manns Essay zustim-

mend zitiert (als Beispiel für »Dinge des Herzens«, von denen
Esther weiß und die Arne nicht versteht). Nimmt man darüber
hinaus auch den Ursprungskontext des Zitats wahr, so wird
wieder sichtbar, was im Zusammenhang des Essays nur noch
zart angedeutet bleibt – die Einsicht nämlich, wie konkret sexuell die Opposition von »vollkommener Liebe« und »Zweck
der Natur« hier tatsächlich gemeint ist. Die geschlechtliche Erfüllung ist dabei unmissverständlich mit eingeschlossen: »Ich
meine«, erklärt Esther im selben Zusammenhang, »man müßte
an einer Liebe, die nie die höchste Vereinigung erreichen kann
oder doch will, zu Grunde gehen.« (TS, 40; in Thomas Manns
Essay zitiert)

Nun sind im Roman Eliza und Arne Geschwister; und beide
sind sie in die Titelheldin verliebt. Diese Figurenkonstellation
ermöglicht im zweiten Teil des Romans den Übergang von diesen gleichgeschlechtlichen Konstellationen in eine ›konventionell‹ heteroerotische Liebesgeschichte. Mit dieser Wendung
aber muss zumindest für den jungen Thomas Mann die Sphäre
des Homoerotischen gleichwohl noch nicht verlassen gewesen
sein. Denn hier finden sich nun in Hülle und Fülle Szenen und
Erzählerkommentare, von denen man meinen könnte, sie ent-
stammten seinen eigenen Notizen zum Paul-Ehrenberg-Kom-
plex, also den entsprechenden Eintragungen im 7. Notizbuch
und den daraus entwickelten Konzepten zu *Tonio Kröger* und vor
allem dem Novellen- oder Romanvorhaben *Maja / Die Geliebten*.
Bekanntlich transformiert Thomas Mann dort das »Ich« vs.
»Paul« der tagebuchartigen Aufzeichnungen ins halbfiktionale
»Sie« vs. »Paul« der ersten, noch tastenden Roman-Notizen und
schließlich ins »Rudolf« vs. »Adelaide« der geplanten Erzählung.[9] Dabei variiert die Charakterisierung dieser beiden Figuren und ihrer Beziehungen immer dieselben Grundmuster.
Immer von neuem beobachtet Thomas Manns weibliches *alter
ego* »seine Liebenswürdigkeiten gegen Andere« (Nb. II, 48), seine

»knabenhafte Gewohnheit« (Nb. II, 61) und »seine unbesieg-
liche Naivetät« (Nb. II, 67) und so fort. Wie hier Adelaide, so begegnet auch Esther im Roman »einem harmlosen kleinen Gut-
Jungen-Lächeln« und »diesem gutmütig lächelnden, hübschen
Jünglingsgesicht [...], das recht wenig mit der leichten Geziert-
heit der Kleidung in Einklang stand.« (TS, 35) Auch sie durch-
schaut den hübschen Jungen, wenn er sie »mit der spöttischen
Überlegenheit eines Handlungsgehilfen« ansieht (TS, 88), und
fragt sich, »warum es ihr früher nie aufgefallen war, daß seine
Traurigkeit etwas so Unreifes, Knabenhaftes hatte« (TS, 102).

»Wie sehr sie unter seiner Eitelkeit leidet, die sie doch gleichzeitig liebt«, notiert Thomas Mann über Paul alias Rudolf
(Nb. II, 48). Toni Schwabe über Arne: »Er brauchte Bewunderung oder – Nachsicht. Doch immer Lob.« (TS, 89) In Schwabes
Roman senkt Arne »die Stimme zu einem Flüstern, das Esther
ein wenig affektiert klang«, sie bemerkt an ihm »jenen aus Zu-
friedenheit und Sentimentalität gemischten Ausdruck« und
kann »es nicht mehr aushalten, ohne zu lachen« (TS, 75). »P. antwortete nicht ohne Wichtigkeit«, liest man im 7. Notizbuch:
»Und meine Seele stimmte ein ungeheures Gelächter an ...
Mein guter Junge! Niemals war er mir ferner!« (Nb. II, 61).[10] Auf
den *gender*-Begriff gebracht wird dieser Gegensatz von knaben-
haft anziehender, arglos-dummer Männlichkeit und weiblicher Sensitivität in der folgenden kleinen Szene, die in Thomas Manns Essay ebenfalls zitiert wird:

»Übrigens liebe ich es, wenn Frauen ein wenig Christentum
haben«, sagte er da gönnerhaft.
Sie hatte plötzlich Lust, ihn an den Ohren zu reißen und
einen kleinen, dummen Jungen zu nennen. Sie sagte aber
nur mit ironischer Demut: »Ich danke Ihnen im Namen aller
Frauen!« (TS, 44)
Augenfällig sind die Analogien zwischen dem, was Thomas
Mann in seiner literarischen Gestaltung des Verhältnisses zu

Ehrenberg vorhatte, und dem, was er bei Toni Schwabe lesen konnte. Denkbar, dass ihm das nicht erst im Nachhinein, sondern schon bei der Abfassung dieser Notizen bewusst war – Esthers Stoßseufzer »man kommt sich als Frau älter vor« jedenfalls wird nicht erst im Essay von 1903 zitiert (GKFA 14.1, 56), sondern schon, mit dem Vermerk »Toni Schwabe«, Anfang 1902 mitten unter diesen Skizzen im 7. Notizbuch (Nb. II, 55). Und noch etwas früher, nicht lange nach der Lektüre von Toni Schwabes Manuskript, hat Thomas Mann sein eigenes literarisches Projekt mit jenem Begriff zusammengebracht, der dann die Überschrift zum Essay abgeben wird: Da bezeichnet er die geplante Novelle »›Die Geliebten‹ als Apotheose des Ewig Weiblichen.« (Nb. II, 47)

Es wird jedem Leser von Toni Schwabes Roman unübersehbar sein, dass ihr naiv-unwiderstehlicher Arne – ausdrücklich »jung, strahlend, liebenswürdig« – gewissermaßen das blonde und blauäugige Leben repräsentiert, die Künstlerin Esther hingegen das unüberwindliche, gleichsam mit der bloßen Existenz gegebene Außenseitertum, das der leidenden Liebe so nahe ist wie dem Tode – ein Außenseiterdasein, das sie mit Adelaide, mit der Baronin Anna aus *Ein Glück* und zumal mit *Tonio Kröger* verbindet. Auf diese literarische Verwandtschaft lohnt es noch einen kurzen Blick zu werfen.

Wenn Esther im letzten Teil des Romans ihre ›Geliebten‹ verlässt und sich zur Einsamkeit entschließt, dann stellt sie sich die folgende Frage: »Aber hätte es denn für sie eine andere Möglichkeit überhaupt gegeben? [...] Gehörte sie zu den Vom-Schicksal-Gezeichneten, die überall das Unheil mit sich führen – ungewußt und ungewollt? – –« (TS, 126) Zu den so »Gezeichneten«, also im Wortsinn Stigmatisierten gehört auch Thomas Manns Tonio Kröger: »Er ging den Weg, den er gehen mußte [...]«, lautet derselbe Gedanke dort, »und wenn er irre ging, so geschah es, weil es für Etliche einen richtigen Weg überhaupt nicht giebt.« (GKFA 2.1, 262 f.) Dieser Satz, von dem Thomas Mann ja – immer noch im 7. Notizbuch – bemerkt hat, er bezeichne »vielleicht das Entscheidenste [...], was über mich zu sagen ist« (Nb. II, 112), ist von der Frage der Esther Franzenius nicht sehr weit entfernt.

Einmal auf diese Nachbarschaft aufmerksam geworden, könnte man weitere Gemeinsamkeiten wahrnehmen. Auch Esther entstammt ›gemischten‹ Familienverhältnissen; ihre Mutter ist eine Dänin gewesen, ihr Vater Deutscher (TS, 15); in den ausführlich geschilderten Kultur- und Sprachkämpfen des Grenzlands wird sie deshalb unversehens zwischen die Fronten geraten. Auch sie gehört zu jenen, »denen sich das Leben geweigert hat. Zu denen, die nur noch tapfer sein wollen« (TS 147), also zu »uns, die wir noch die Erlösung als Schmerz und Vereinsamung empfinden – und eben deshalb lieben müssen, was strahlend und leicht und erdenfern ist.« (TS, 176 f.) Der blonde und blauäugige Hans Hansen soll »nicht werden, wie Tonio, sondern bleiben, wie er war, so hell und stark, wie alle ihn liebten«, von »dieser lichten [...] Art«, dieser »Reinheit, Ungetrübtheit, Heiterkeit« (GKFA 2.1, 254, 311). Auch Esther reist »ganz nach dem Norden von Dänemark«, wo ihr die Welt »gesund und stark und gut« erscheint, und »das alles kam ihrem Herzen nahe« – »damals lebte sein Herz«, heißt das im *Tonio Kröger*. Auch *ihre* lebenslange Liebe gilt dem Meer, dem »Meer – weit und schwerdunkel – nur nach den Ufern zu schäumten die Wellen weiß auf im Mondlicht. [...] Und sie fühlte ihr Herz leer – aber weit vor Sehnsucht zum Unbekannten.« (TS, 95 f.) Auch sie gehört zu jenen, die »das Leben ohne den Maskenstaat der Wünsche und Hoffnungen nur mehr in seiner plumpen Alltäglichkeit sehen« und die es »vor der köstlichsten Speise graut, weil wir den Ekel dahinter spüren«. Und wie Tonio kann auch sie nur »Zuschauer« sein, »nichts als Zuschauer gegenüber dem Leben. Und das Leben rächte sich«. (TS, 99 f.) Auch Esther gehört zu denen, die »trübe Geheimnisse tragen« müssen und deshalb »dort nicht kämpfen durfte, wo meine Seele begehrte«. Auf ihre bange Frage freilich: »Glauben Sie nicht, daß es Verhältnisse giebt, die kein neues Glück zulassen – die *das* Glück nicht zulassen?«, antwortet *ihre* Vertraute sehr viel offensiver als Lisaweta Iwanowna:

> »ich glaube, daß für jeden Menschen, auch für den, der gewohnt ist, nie nach billigen Moralen zu handeln, einmal der Augenblick kommt, wo er sich jenseits der Moral stellt. [...] Und an wen es nun kommt, daß er abweichen muß, von dem, was er für gut hält, der hat einen strengen Kampf mit sich selbst zu führen.« (TS, 153 – 155)

Ich halte es für denkbar, dass diese Ähnlichkeiten zwischen Toni Schwabes kleinem Roman und Thomas Manns großer Erzählung sich mehr als bloßem Zufall und allgemeiner Geistesverwandtschaft verdanken. Thomas Mann hatte den 1902 erschienenen Roman ja bereits 1900, als Lektor des Albert Langen Verlags, im Manuskript gelesen und zur Veröffentlichung empfohlen. Wie auch immer es sich damit verhält: Der Grund für die erstaunliche Emphase, die Thomas Manns Weiblichkeits-Essay bestimmt und die den Anlass einer Rezension weit übersteigt, dürfte jedenfalls mit dem Gefühl eines Wiedererkennens eigener Erfahrungen und Schreibvorhaben zu tun haben. In Toni Schwabes *Esther Franzenius* begegnete er lesend einer Mann-Frau-Konstellation, die derjenigen des Paul-Ehrenberg-Komplexes bis in stilistische Einzelheiten hinein entspricht, der Problematisierung dieser Beziehungen und überhaupt der sexuellen Konventionen durch explizit gleichgeschlechtliche Konstellationen und der Korrelation von ›weiblicher‹ Geschlechtsambiguität und künstlerischer Sensitivität – und zwar in einer Bewertung, die gerade *aus der Schwäche* heimlichen Leidens, einsamer Außenseiterexistenz und unerfüllter Sehnsucht die Tugend einer moralischen und, in eins damit, künstlerischen Überlegenheit ableitet. Knapper und zugespitzt gesagt: Vieles von dem, was den Thomas Mann der »Paul-Ehrenberg-Zeit« an Auseinandersetzungen menschlich und künstlerisch umtrieb – in Toni Schwabes »romantischer Dichtung« kam es zur Anschauung.

Aber wer war eigentlich Toni Schwabe?

3. Toni Schwabe

»Wer kennt ›Die Hochzeit der Esther Franzenius‹ von Toni Schwabe?« Thomas Manns Eröffnungsfrage hat vielleicht noch eine andere als die rhetorische Funktion. In der Tat gab es, als Thomas Mann das schrieb, im Unterschied zur großen Gemeinde Gabriele Reuters bei weitem weniger Leser, die Toni Schwabe (1877 – 1951) kannten. Aber diesen wenigen bedeutete sie viel. Eine von denen, die Thomas Manns Frage auf Anhieb hätten beantworten können, war die Schriftstellerin Sophie Hoechstetter. Im *Magazin für Litteratur* hatte sie (die mit Toni Schwabe befreundet war und sich auch sonst in die Kritiker-Debatten um den Roman energisch eingeschaltet hat) bereits am 20. Dezember 1902 eine ausführliche Besprechung der *Esther Franzenius* erscheinen lassen, in der es gegen Ende heißt:

> Wenigen wird das Buch etwas zu geben haben, denn wenige verstehen es, daß es Schmerzen gibt, für die keine Heilung ist, weil sie dem Leidenden so hoch stehen, daß er keinen Trost dafür möchte und kein Vergessen.

Worauf sich das beziehen könnte, hat Sophie Hoechstetter schon einige Abschnitte zuvor angedeutet, wenn auch nur vorsichtig im französischen Zitat: Esthers »Seele sucht die Heimat. […] Und – Rousseau sagt das – *l'âme a-t-elle un sexe?*« Vom Geschlecht der Seele handeln Toni Schwabes Roman und Thomas Manns Essay gleichermaßen; und wenn man den Ausdruck ins Englische übersetzen sollte, so müsste es wohl *gender* heißen.

Dass es im Roman jedenfalls weniger um traditionelle heteroerotische Konflikte gehe, hatte bereits im August 1902 eine
Besprechung der Münchner *Allgemeinen Zeitung* bemerkt (die
auch Thomas Mann zu Gesicht gekommen sein könnte). Das
Buch, so der ungezeichnete Text am Ende, »führt uns in eine
Welt, wo der Kampf um äußerliche Güter weit zurücksteht vor
dem Kampfe um das höchste Recht: das Recht der Seele, und
um den höchsten Besitz der Frau: nicht den Mann, sondern
den ebenbürtigen Genossen im Leben, den Freund.«

Was hier noch mehr oder weniger deutlich umschrieben
und angedeutet war, das sprach die Kritikerin Elfriede Kurtzer
1908 in einer resümierenden Würdigung »der zu Unrecht ver-
gessenen großen Dichterin *Toni Schwabe*« rühmend aus: Namentlich die

> lesbischen Gedichte dieser hochbegabten Lyrikerin verdie-
> nen vor allen anderen bekannt zu sein. Immer und immer
> wieder nehme ich mir das Gedichtbändchen *Komm kühle
> Nacht* (Georg Müller, München) zur Hand. Es wird jedem,
> dem es auf echte dichterische Gestaltung des lesbischen Er-
> lebens ankommt, mehr geben, als tausend andere Bücher zu-
> sammen. Wahre Liebe, Leidenschaft und Hingabe spricht aus
> jedem Vers. Es ist sehr bedauerlich, daß diese wunderbaren
> Klänge, die uns eine Heimat sein könnten, heute so ungehört
> vorüberrauschen. Wollen wir doch dazu beitragen, daß das
> Gedenken an diese einsame Dichterin bewahrt bleibt![11]

Zu lesen war das in der ersten literarisch-künstlerischen Zeitschrift der homosexuellen Emanzipationsbewegung, *Der
Eigene. Ein Blatt für männliche Kultur.* Auch dem in mancher Hinsicht konkurrierenden Unternehmen, Magnus Hirschfelds
Monatsberichten des Wissenschaftlich-Humanitären Komitees, war
Toni Schwabe um diese Zeit alles andere als eine Unbekannte;
und mit den literarischen Vorlieben, die hier in der *Esther Franzenius* beobachtet wurden, war man dort längst vertraut:

Axel Juncker's Verlag in Berlin brachte vor Kurzem einen neuen Roman von *Toni Schwabe* heraus. *Bleibe jung meine Seele*, wie sich diese Arbeit betitelt, beginnt mit den Worten: »Eigentlich sah sie aus wie ein Junge, ein großer, blonder Junge. Sie dachte: ›wär' ich nur einer.‹« Im weiteren Verlauf der Erzählung wird dann der Charakter und die eigenartige Individualität der Heldin Helge vor uns entwickelt, in der wir, medizinisch ausgedrückt, eine Bisexuelle sehen müssen. Der Roman gibt in dichterisch vertiefter Form eine fesselnde Darstellung des fraglichen psychischen Problems [...].[12]

Und nicht nur in literarischen Gruppen, sondern auch im organisatorischen Zentrum der Emanzipationsbewegung, in Magnus Hirschfelds »Wissenschaftlich-Humanitärem Komitee« selbst, war Toni Schwabe bald eine zentrale Gestalt.

»Auf vielseitig, auch aus Frauenkreisen geäußerten Wunsch«, meldet Hirschfelds *Jahrbuch für sexuelle Zwischenstufen* 1910,[13] »wurden zum ersten Mal zwei Damen als weibliche Obmänner gewählt«, nämlich die Polizeibeamtin Gertrud Topf[14] und die Schriftstellerin Toni Schwabe. Erläutert hatte Hirschfeld den damit verwirklichten Plan bereits im Jahrbuch 1902: Es gelte, »geistig hochstehende, namentlich urnische [d. i. gleichgeschlechtlich liebende] Damen für unsere Arbeit zu interessieren«.[15]

Gelesen in diesem aus Lübecker Sicht noch halbwegs subkulturellen Kontext der Jahre zwischen 1902 und 1908, kann Thomas Manns einleitende Frage fast wie ein Fingerzeig für Eingeweihte erscheinen. Gewiss findet sich in seinen Notizen weder hier noch anderswo irgendein Hinweis darauf, dass er den *Eigenen* oder Hirschfelds *Jahrbuch* zur Kenntnis genommen hätte. Immerhin aber weist der Umstand, dass er sich für Buchpublikationen, die dort empfohlen und diskutiert wurden, interessiert hat (so die im auf homoerotische Literatur spezialisierten Verlag Max Spohr in Leipzig erschienene Übersetzung

von Oscar Wildes *Dorian Gray*), in diese Richtung; und die Annahme, dass der junge Thomas Mann von diesen zentralen Pu-
blikationsorganen zu Kunst, Literatur und Homoerotik *keine*
Kenntnis genommen haben sollte, ist so unrealistisch wie die
Annahme, er habe die Lektüre solcher riskanten und ja immer
in die Nähe »irgend einer Art von Strafanstalt« (GKFA 2.1, 274)
führenden Publikationen in seinen Notizbüchern vermerkt.

Auch der – neben dem »Weiblichen« – *zweite* Kampfbegriff,
der im Schlussabschnitt des Essays gegen die »Renaissance-
Männer« ins Feld geführt wird, taucht zur selben Zeit in den
Publikationen der homoerotischen Emanzipationsbewegun-
gen auf. Der Ausdruck »Tschandala«, als Bezeichnung der nied-
rigsten, durch den Stirnpunkt sichtbar markierten Kaste im
Hinduismus Inbegriff stigmatisierten Außenseitertums: Dieser Ausdruck findet sich nicht nur in Nietzsches *Götzendämme-*
rung (und in Strindbergs Roman *Tschandala* 1888), sondern auch
in den genannten Periodika der Emanzipationsbewegung. Im
selben Jahr wie Thomas Manns Essay erschien eben im Verlag
Max Spohr ein Gedichtband unter dem Titel *Lieder eines Ein-*
samen, gewidmet den Tschandalas der Liebe.[16] In Hirschfelds *Jahrbuch*
für sexuelle Zwischenstufen 1904 wird dieser Band dann unter anderem mit der Bemerkung besprochen: »Die Widmung ›Den
Tschandalas der Liebe‹ und einige deutliche homosexuelle Gedichte am Schlusse der Sammlung weisen uns die Quelle von
des Dichters Leid und Wehe.«[17]

Nicht dass das indische Lehnwort damit etwa schon zum
Teil eines homoerotischen Geheimcodes geworden wäre; im
Gegenteil muss er ja offenbar ausdrücklich auf »die Liebe« bezogen werden, um in dieser Richtung verstehbar zu sein. Nur
die Verknüpfung mit den Motiven der Einsamkeit, mit der
mannmännlichen Liebe, mit Leid und Wehe zeigt, in welcher
Nähe zu Thomas Manns gleichzeitigen Reflexionen hier gedacht und formuliert wird (und umgekehrt).

»[...] wir Plebejer und Tschandalas«: je genauer man diese
Formulierung im Kontext von Thomas Manns Gedankengang
ansieht, desto erklärungsbedürftiger erscheint sie. Denn dass
der Sprecher (namens einer unbestimmten Gruppe) zu den
Tschandalas gehöre, das ergibt sich aus diesem Kontext offenkundig noch nicht. Der bloße Umstand, dass »wir ein weibliches Kultur- und Kunstideal *verehren*«, macht »uns« noch nicht
zu Parias. Das logische Verhältnis wäre vielmehr umgekehrt zu
denken: *Weil* »wir«, aus nicht weiter ausgeführten Gründen,
schon zu den Tschandalas gehören, darum verehren wir – der
Schreiber dieser Zeilen, die Verfasserin des Romans und andere
– ein weibliches Kultur- und Kunstideal. Der knappe Halbsatz
resümiert, so beim Wort genommen, dieselben beiden Aspekte
der Stigmatisierungserfahrung, die auch das Verhältnis dieses
Essays insgesamt zu einer Erzählung wie *Luischen* bestimmen.
Denn »wir Plebejer und Tschandalas« – das ist die defensiv angenommene Stigmatisierung. Und »die wir ein weibliches Kul-
tur- und Kunstideal verehren« – das ist die offensive Selbstbehauptung. Kein Zweifel, die Schlusssätze von Thomas Manns
Schwabe-Essay resümieren weit mehr und Grundsätzlicheres
als nur die gegen den Bruder gerichteten »Spitzen«, auf die
Thomas Mann in seinem Brief an Heinrich halb keck, halb ent-
schuldigend hinweist (GKFA 21, 258).

4. Gabriele Reuter

Wer die Romane von Gabriele Reuter kannte – das war im Unterschied zur traurigen Geschichte der Esther Franzenius keine
Frage. Immerhin war diese Autorin eine der angesehensten des
Verlags S. Fischer; in Verlagskatalogen stand ihr Name neben
denen Hauptmanns, Bangs, Wassermanns. Dieser Umstand ermöglicht es Thomas Mann nun in einem Essay, den er 1904 als
Auftragsarbeit für die Berliner Zeitung *Der Tag* verfasste, den

grundlegenden Gedanken seines Schwabe-Essays jetzt an
einem weniger arkanen Gegenstand erneut zu formulieren, bis
in die wörtliche Wiederholung der Wendung vom »weiblichen
Kunst- und Kulturideal« – und ihn darüber hinaus in die wei-
hevolle Höhe einer besonderen »Sendung des weiblichen Genies in der modernen Literatur« zu erheben (GKFA 14.1, 67).
Diesmal enthält sich die Proklamation einer »künstlerischen
Weiblichkeit« allerdings der ersten Person Plural; nicht mehr
von »uns« ist die Rede, sondern zurückhaltender von »denjenigen, die ein weibliches Kultur- und Kunstideal verehren«. Unter *diesen* habe »die künstlerische Frau einen Schritt voraus«.
Nicht mehr vom Künstler als Frau ist die Rede, sondern von der
»Frau als Künstlerin«. Das letzte Wort lautet hier, dass die »Frau
als Künstlerin, sofern sie Geist genug besitzt, ihre Weiblichkeit
zu pflegen und zu vertiefen, statt sie zu verleugnen, heute zu
hohen Dingen berufen ist.« (67 f.) Freilich hat dann diese
»Weiblichkeit« auf Umwegen doch wieder vieles mit dem
Künstlertum gemeinsam, für das der Verfasser selbst einsteht:
Kritik des Lebens, »Wirklichkeitskritik« sollen beide betreiben,
nicht politische Agitation. Denn – und da ist die Formel, die
Weiblichkeit und Künstlertum beiläufig vereint – »der *kontem-
plativ-künstlerische Mensch* ist wesentlich kein Weltverbesserer. Er
will nichts als erkennen und gestalten: tief erkennen und
schön gestalten.« (GKFA 14.1, 64 f.; meine Hervorhebung)

  Die Unterschiede in der neuen Formulierung der alten Idee
reichen noch weiter. Resümierte die Überschrift im Schwabe-
Essay nicht weniger als die künstlerische Weltformel »Das
Ewig-Weibliche«, so bescheidet sie sich hier mit dem Namen
der besprochenen Autorin. Kompositorisch waren dort Texter-
örterung und allgemeines Argument unauflöslich verknüpft –
hier dagegen folgt erst auf mehr als sechs Seiten allgemeiner
Reflexion die Besprechung des Romans *Liselotte von Reckling*, der
damit aufs bloße Anschauungsbeispiel reduziert ist.[18] Unüber-

sehbar sind schließlich die Differenzen im stilistischen Duktus. Entsprach dort die Emphase des Urteils vollkommen derjenigen des Stils, so wird hier die Fallhöhe zwischen beiden geradezu hervorgehoben. Über Toni Schwabes »romantische Prosa-Dichtung«, »eine Art Roman«, schreibt Thomas Mann den emphatischen Dithyrambus eines Involvierten. Im Reuter-Aufsatz dagegen, der »Besprechung« eines konventionellen »Romans« durch einen Kritiker, dominiert zunehmend eine ironische Distanz und Zweideutigkeit. Diese Ironie soll – scheint es – die Kluft signalisieren, die sich diesmal zwischen dem Thema der »Künstler-Weiblichkeit« und dem Anlass unübersehbar auftut. So mahnt der Rezensent beispielsweise, über die unbestreitbare Enge des Reutscher'schen Romans solle man »nicht lachen; man sollte Respekt haben. Enge ist ja fast immer auch Tiefe.« (70) Man fragt sich, ob es ein schneidenderes Adverb gibt als dieses »fast«. Ähnlich sarkastisch wird der letzte Teil des Romans hier (72) gegen kritische Einwände verteidigt: »Ein Buch muß einen Schluß haben.« Ja dann …

Was also konnte Thomas Mann an Reuters Roman außer dem Geschlecht von Protagonistin und Verfasserin überhaupt interessieren? Ein Leser, der nichts von den Notizen und Plänen wüsste, die Thomas Mann selbst um diese Zeit beschäftigten, der außer dem Essay lediglich Reuters Roman gelesen hätte – ein solcher Leser müsste zweifeln, ob Thomas Mann wirklich diesen Text vor Augen gehabt hat.

Denn weder für das tiefe Erkennen noch für das schöne Gestalten, wie er sie vom kontemplativen Künstler verlangt, bietet Liselotte von Reckling sonderlich überzeugende Beispiele. Zumal diejenigen Romanpassagen, in denen die vom Essay unterstellte »künstlerische Weiblichkeit« erörtert wird, halten der lesenden Nachprüfung nicht lange stand. Allein die – mehr behauptete als gestaltete – Verbindung von emotionaler Empfindungsfähigkeit und Intellektualität unterscheidet diese

Heldin von denen anderer trivialer Frauenromane der Jahr-
hundertwende, allein dieser Grundzug könnte für ein neu-
artiges »weibliches Kulturideal« reklamiert werden. Freilich
reduziert er sich auf einige Beschreibungen der Titelheldin, die
von – vorsichtig gesagt – holzschnittartiger Einfachheit sind:
»Liselotte war zitternd sensitiv«, liest man bei Reuter, denn:
»Des Mädchens ganzes Sein bebte in einer erhöhten Erreg-
barkeit. [...] Quellen der Liebe, der Zärtlichkeit und Begeisterung öffneten sich in ihrem Herzen« (so die Erzählerin, GR, 74 f.).
Diese Sensitivität aber setzt Liselotte offensiv der verwirrenden
Erfahrung der modernen Großstadt entgegen; ihr begegnet sie
ausdrücklich »mit allen Sinnen und der ganzen Fähigkeit ihres
Intellektes« (GR, 76). So weit deutet der Text tatsächlich eine
Weiblichkeit an, die nicht gänzlich im vertrauten *gender*-Kli-
schee aufgeht.

Im Übrigen aber ist von einer spezifischen »künstlerischen
Weiblichkeit« in Reuters Roman wenig, gar von einem »weiblichen Kultur- und Kunstideal« überhaupt nichts zu erkennen.
Ausdrücklich rühmt Thomas Manns Essay beispielsweise »eine
solche bildlich-sinnbildliche Verherrlichung des Weibes wie
die kleine Szene, wo Liselotte dem armen Exelsior zulächelt«
(GKFA 14.1, 69). Gemeint ist eine Szene zwischen der Titelheldin und dem reichen, aber unheilbar kranken Amerikaner
Excelsior Nicodemus Stuart (»der kühne Name«, denkt die Heldin einmal; GR, 94), und die paraphrasierte Stelle lautet im Roman wörtlich so:

Und während sie so auf ihn schaute, hoben sich seine schweren Lider, und ein müder Blick traf sie aus seinen gleichgül-
tigen und kalten, schwarzen Augen.

Da lächelte sie und legte alles, was sie an Güte, Hingebung
und Liebe in ihrem weichen Herzen trug, in ihr Lächeln und
reichte ihm so ein seltenes und köstliches Kleinod zu flüch-
tiger Freude auf sein Schmerzenslager.

Er schloß die Augen, als blende ihn ein Licht stark, und lag
unbeweglich [...]. (GR, 84)

Liest man diese Szene versuchsweise mit den Augen jenes Thomas Mann, der selbst gerade Material zum *Maja/Geliebten*-
Komplex sammelt, so zeigt sie eine gewisse Verwandtschaft mit
manchem, was wir aus diesen Notizen kennen: Der zur Einsamkeit verurteilte Krüppel, der Kranke, erscheint hier als Liebender, der nur freundlich bemitleidet, aber nicht wirklich geliebt wird; Freude kann immer nur flüchtig und trügerisch
sein; das Lächeln, das sie auslöst, ist allein um ihretwillen »ein
seltenes und köstliches Kleinod«. Dass die Szene sich aber im
Übrigen und für sich genommen vollkommen im Mainstream
dessen bewegt, was Walter Killy als *Deutschen Kitsch* gesammelt
und beschrieben hat,[19] und dass sich zumal die Rolle des Weibes
als engelhafter Lichtgestalt am Krankenlager kein Jota vom
dort in mannigfachen Variationen Nachlesbaren unterscheidet, das wird sich schwerlich bestreiten lassen.

Was aber hier noch vergleichsweise zart aufgetragen ist,
überschreitet spätestens in solchen Passagen die Grenze zu
Killys Anthologie, wo die »Verherrlichung des Weibes« es
nicht beim blendenden Lächeln belässt:

All seine starke, so fest in Schranken gehaltene Mannheit
brach die Ketten und riß das Mädchen mit sich in den wilden Taumel der Lust. An ihrer Kühle hatte er sich bezwingen
wollen. Und sie war es nun, die, eine Galathee auf dem leichten Muschelwagen der Liebe, sich jauchzend den Schleier
der Scham von den schlanken Hüften riß und ihn als Wim-
pel in die Lüfte flattern ließ, während sie sich triumphierend
von der Brandung seiner Leidenschaft zu den Gefilden der
Seligen tragen ließ.[20]

Fast könnte man erraten, dass so viel Leidenschaft nicht von
Dauer sein kann, und wirklich: »Ein Schatten senkte sich zwischen ihnen nieder. [...] Die vollen, jubelnden Akkorde ihrer

Liebessymphonie waren jäh zerstört, eine gehaltenere Melodie setzte ein.« (GR, 145)

So also, in dieser Mythenklitterung einer kleinbürgerlichen Bildungswelt und in solchen ausgelaugten Genitivmetaphern, schildert Gabriele Reuters Roman das Verhältnis von Mannheit und Mädchentum. Durchaus nicht besser ergeht es dem zweiten Thema, auf das es Thomas Manns Besprechung ankommt, dem Verhältnis nämlich zwischen Liebe und Kunst. Die dämonische »Daja Minstrel«,[21] die Rivalin mit dem »großen, wilden und sinnlichen Munde« (GR, 192), von der Liselotte ihrem Mann gegenüber weiß: »Sie hat deine Seele aufgerüttelt« (GR, 200 f.) – diese Dämonin der Leidenschaft spielt nachts in ihrem einsamen Holzhaus Geige. »Aber all ihr Phantasieren auf der Geige«, erkennt die Erzählerin, »waren nur klingende Sehnsuchtsschreie.« (GR, 192)

Akkorde der Liebessymphonie oder Sehnsuchtsschreie der Kunst – mit einiger Anstrengung könnte man hier das Thema wiedererkennen, das Thomas Manns Essay diesem Buch unterstellt. Ganz mühelos hingegen dürfte bemerkbar sein, dass seine Behandlung hier allem, worauf es Thomas Mann ankommen musste, eklatant widerspricht. Auf den ersten Blick hat zwar die Rivalität zwischen Liselotte von Reckling und jener Daja Minstrel etwas vom bekannten Gegensatz zwischen südlichem Künstlertum und den nördlichen Blonden und Blauäugigen. Aber bei Reuter ist ja gerade jene chiastische Verschränkung, welche die Figurenkonstellation des *Tonio Kröger* vor dem Kitsch bewahrte, wieder aufgegeben und ins kleinbürgerlich Reine gebracht: Die südländische Künstlerin ist zum verderblichen Teufelsweib dämonisiert, die sensible nordische Blonde dagegen endet kunstfern, keusch und geschlechtslos; am Ende lebt sie »das stille Dasein einer Nonne. Und die Sehnsucht nach irdischer Liebe fiel mehr und mehr von ihr ab, je tiefer und frömmer sie eindrang in die Betrachtung des Ewigen, das als ein güldener Ring dieses Irdische umschließt.« (GR, 211)

Mit diesem Bild der kontemplativen Nonne sind wir bei dem, was Thomas Manns Essay fast komplett *weglässt*,[22] und das ist nicht weniger als das dominierende Zentrum des Romans. Denn in Wirklichkeit geht es darin nur ganz am Rande um Frauenfrage, um Kunst und Geschlechterrollen. Im Mittelpunkt stehen vielmehr unterschiedliche *religiöse* Erfahrungsmodi und Erlösungshoffnungen (individuelle, kirchliche, sektiererische) angesichts der Großstadtwelt einer Moderne, von der die Titelheldin »als echte, fromme Pietistin« (GR, 146) zutiefst verunsichert ist. Alle erotischen, künstlerischen, sozialen Beziehungen sind auf diesen Mittelpunkt hin ausgerichtet und durch ihn funktionalisiert. Selbst die emanzipatorisch engagierte »Doktor Adelheid Rank«, auf deren Kontrast zur sensiblen Protagonistin Thomas Mann so viel Wert legt, ist im Roman nur eine der vielen Figuren, die wie allegorische Personifikationen die Lebensbereiche der Moderne verkörpern: Sie steht für die Frauenfrage wie die Fabrikarbeiterinnen für die kapitalistische Produktion, die Mutter für die Halbwelt der Boheme usf. Diese Schematisierung wird auch durch die von Thomas Mann erwähnte Ironie nicht gerettet, die doch überwiegend eher robust ausfällt – einer der Sektierer etwa, der Typus des pedantischen Gelehrten, heißt »Doktor Pfiffendorf«, ein kurzgewachsener und dicklicher Sektenprediger »Dünnebier« usf. (GR, 149, 179)

Mit anderen Worten: Für die Position, die Thomas Manns Essay programmatisch formuliert, ist der dazu herangezogene Roman ein wenig geeigneter Beleg. Weder stilistisch noch thematisch passt er sonderlich gut zur Proklamation einer »Sendung des weiblichen Genies in der modernen Literatur«. Und deshalb bleibt auch nach wiederholter Lektüre undeutlich, was genau eigentlich Formeln wie diese bedeuten – sind mit »weib-

lichen Genies« und »künstlerischer Weiblichkeit« allein künstlerisch hervortretende Frauen gemeint oder darüber hinaus
alle in irgendeinem Sinne ›weiblichen‹, etwa besonders sensitiven oder kontemplativen Künstler? Die Antwort flattert hier,
wie der Schleier der Scham, im Wind. Wer sie finden wollte,
müsste von diesem Essay zurückkehren zu seinem – hier bis an
den Rand des Selbstzitats paraphrasierten, bis an den Rand der
Nachvollziehbarkeit verkürzten – Vorgängertext, und damit
auch zu Toni Schwabes Roman, dessen Lektüre er dort so nachdrücklich empfohlen hatte.

Gerade in der Fallhöhe zwischen Emphase und Unschärfe,
gerade in seiner Unangemessenheit gegenüber dem vorgeblich
erörterten Text aber macht Thomas Manns Versuch deutlich,
wie dringlich das Verhältnis von »Kunst« und »Weiblichkeit«
ihn beschäftigt haben muss. Wie Thomas Mann dann brieflich
gegenüber Gabriele Reuter selbst etwas verlegen eingesteht, ist
sein Essay in den allgemeinen Passagen passabel, während er in
der zweiten Hälfte – also dort, wo es um den Roman selbst geht
– »ein bißchen abfällt« (22. Februar 1904; Br. III, 448). Gegenüber Heinrich Mann wird er noch deutlicher:

> Im »Tag« ist ein längerer Essay von mir erschienen, angeblich
> über Gabriele Reuter, aber sehr allgemein und persönlich
> gehalten. (27. Februar 1904; GKFA 21, 270)

Was hier also von Gabriele Reuter handelt, heißt das wohl, ist
im Grunde nebensächlich; was hingegen zugleich »sehr allgemein und persönlich« formuliert ist, bezeichnet den heimlichen Kern dieses Textes. Es scheint offenkundig, dass Thomas
Mann die Ideen, die er aus dem Roman Toni Schwabes entwickelt hat, nun um jeden Preis in denjenigen Gabriele Reuters
hineinliest.[23] Damit hat er diesen Roman zwar eklatant entstellt; aber zumal angesichts dessen künstlerischer Bedeu-
tungslosigkeit wiegt dieser Einwand gering gegen die einzig-
artige Autorität, deren Protektion er sein Konzept einer Künst-

ler-Weiblichkeit nun unterstellt. Mit Toni Schwabes Hilfe konnte das Stigma der Männerweiblichkeit umgedeutet werden zur Auszeichnung wahren Künstlertums, ja höherer Menschlichkeit. Mit Gabriele Reuters Hilfe wird nun darüber hinaus auch die verlockende und riskante Sphäre der Subkultur verlassen. So wird aus den »Tschandalas der Liebe« die »Sendung des weiblichen Genies in der modernen Literatur« (GKFA 14.1, 67).

So wie Thomas Mann anlässlich des Schwabe-Romans erklärt hatte, »daß von der Frau *als Künstlerin* das Merkwürdigste und Interessanteste zu erwarten ist«, so proklamiert er im *Gabriele-Reuter-Essay* »das weibliche Genie in der modernen Literatur«. Mit diesem weiblichen Genie ist auch er selbst gemeint. Denn es sei hier daran erinnert, dass er ja in den gleichzeitig entstehenden Entwürfen zum *Maja*-Roman buchstäblich mit oszillierenden männlichen und weiblichen Geschlechterrollen spielt, dass er also beispielsweise (worauf als erster Hans Wysling hingewiesen hat) die Pronomen »Ich« und »Sie« ineinander übergehen lässt. Wo immer beim frühen Thomas Mann das Wort »Frau« in Verbindung mit »Kunst« derart markant als Bezeichnung einer zugleich erwählten und stigmatisierten Gruppe eingesetzt wird, ist diese *gender*-Konzeption einer die tradierten Geschlechterordnungen durchkreuzenden Künstler-Weiblichkeit mit in Betracht zu ziehen.

Man darf darum eine Bemerkung getrost beim Wort nehmen, mit der Thomas Mann 1910 eine Rundfrage zur Frauenbewegung zurückweist (und die in der *Großen kommentierten Frankfurter Ausgabe* erstmals wiederabgedruckt ist), unter der sehr passenden, wenngleich ihm schon vorgegebenen Überschrift *Männerstimmen über Frauen*:

> Ich bin außerstande, mir eine Phrase über »die Frau« abzuringen. Ich bin kein Essayist [!] und weiß nichts von »der Frau«, sondern bestenfalls etwas von Frauen, kurz, meine

Meinung über das Geschlecht ist sehr individuell bedingt.
(GKFA 14.1, 231)

Nimmt man beim Wort, was diese Arbeiten selbst nachdrücklich zu beschreiben versuchen, dann muss man wohl festhalten: Der Thomas Mann dieser frühen Jahre präsentiert sich,
provozierend selbstbewusst gegen alle »Renaissance-Männer«
seiner Welt und auf derselben Seite wie Toni Schwabe und
Gabriele Reuter, als eine deutsche Schriftstellerin.

5. Ricarda Huch

Wohin haben uns diese Beobachtungen eigentlich geführt?
Zunächst einmal bestätigen sie ja nur eine Einsicht, die uns
schon lange genug bekannt ist: In welchem Umfang nämlich
das Paul-Ehrenberg-Erlebnis und überhaupt die Auseinandersetzung mit der eigenen Homoerotik Thomas Manns Frühwerk durchziehen. Nietzsches Aperçu von »Grad und Art der
Geschlechtlichkeit eines Menschen«, die »bis in die höchsten
Gipfel seiner Geistigkeit« hineinreichten – von Thomas Mann
in seiner Rede auf Platen zitiert[24] –: schon oft ist dieses Wort auf
ihn selbst angewendet worden; und auch hier wurde wieder
ein solcher Anwendungsversuch unternommen. Aber Nietzsches Satz beschreibt ja nur die erste Hälfte, die eine Seite eines
zweiseitigen Verhältnisses: Indem die Geschlechtlichkeit aus
dem Souterrain der privaten Leidenschaften bis in die »höchste
Geistigkeit« hineinwirkt, durchläuft sie selbst Transformatio-
nen. Nicht um einen abermaligen und also entbehrlichen
Nachweis für Thomas Manns homoerotische Neigungen geht
es und damit um die Reduktion der Texte auf ihre Entstehungsumstände, sondern umgekehrt um die Analyse der *produktiven Transformation* dieser Entstehungsumstände *in den Texten*. Der am Ende eher anthropologische als ästhetische Entwurf
eines Ewig-Weiblichen, das Männliches und Weibliches zu-

gleich integriert und übersteigt[25] – er hat seinen Ursprung in den Träumen, die eine Nachdichterin der Gedichte von Lesbos und ein unglücklich verliebter Erzähler des Paul-Ehrenberg-Geschehens gemeinsam träumen konnten. Aber er übersteigt die Bedingtheiten dieses Ursprungs ins ästhetische Experiment und ins anthropologisch Universale.

Aus der Erfahrung der eigenen männlichen und dem Lese-Anblick einer weiblichen Homoerotik wird in diesen frühen Essays zum ersten Mal jene Idee entwickelt, die in den kommenden Jahrzehnten als mythisches Modell einer zugleich zwie- und übergeschlechtlichen Androgynie zum Grundbestand seines Begriffs von Humanität gehören wird. Das »Ideal des Ganzmenschen, der Androgyne«, wird in dieser programmatischen Zuspitzung bezeichnenderweise wiederum zuerst in einem Essay über eine Schriftstellerin formuliert. *Zum 60. Geburtstag Ricarda Huchs* nämlich wird Thomas Mann 1924 Konzept und Begrifflichkeit seiner ersten Frauen-Essays wieder aufnehmen – und dieser Umstand rechtfertigt einen raschen Blick über die Grenzen des hier erörterten Zeitraums (GKFA 15.1, 770–777).

Das Buch, aus dem er nun eine Reihe von Begriffen und Namen für seine eigenen Überlegungen bezieht, ist Huchs Studie *Blütezeit der Romantik*,[26] in der die romantische Auseinandersetzung mit mythischen Traditionen und gegenwärtiger Praxis der Geschlechterrollen in unterschiedlichen Zusammenhängen immer wieder berührt werden. Alles spricht dafür, dass er diesen Band bereits lange vor dem Geburtstagsartikel gelesen hat; Anstreichungen und Randnotizen in seinem (im Zürcher Thomas-Mann-Archiv erhaltenen) Exemplar zeugen von einer intensiven, ja leidenschaftlichen Lektüre, die sich mit Überlegungen schon aus den frühen Versuchen und dem Umkreis von Thomas Manns »Litteraturessay« (*Geist und Kunst*) berührt.[27] Einige der von Thomas Mann angestrichenen Passagen lassen zumindest andeutungsweise erkennen, wo seine an Toni Schwabe exemplifizierte Idee einer genuinen Künstler-Weiblichkeit sich mit späteren und weiter ausgreifenden ästhetischen und anthropologischen Konzepten berührt. Im Kapitel *Apollo und Dionysos* etwa markiert er den Gedanken, dass »das Erkennen das weibliche Prinzip« seit Beginn »des Menschengeschlechts« darstelle, dass erst »in neuerer Zeit [...] die Differenzierung des Weiblichen und Männlichen immer schärfer« ausgeprägt worden und dass für die Zukunft ein Mensch zu erwarten sei, »in dem sich Männliches und Weibliches vereinigt, ohne in einander unterzugehen.« (RH, 87 f.) Dieser »harmonische Zukunftsmensch« vereinige in sich, so streicht er an anderer Stelle an, Gefühle und Erkenntnis, und dieser Typus sei »der die beiden früheren vereinigende, der mannweibliche. Dieser Typus trägt das Genie.« (RH, 100 f.) Sichtbar hervorgetreten ist dieses Genie bereits in der Gestalt Goethes. In seinem Geburtstagsartikel für die Verfasserin zitiert Thomas Mann denn auch einen Satz Friedrich Schlegels, den er dort im Kapitel *Schiller und Goethe* angestrichen hatte: »Denn das Ewig-Weibliche ist ja das Prinzip der Erlösung, nämlich das Bewußtwerden des Unbewußten.« Als Kronzeuge wird bei ihm wie bei Huch Goethe zitiert, »dessen Helden« »»etwas Weibliches««« eigne und von dem die Verse stammen:

Denn das Naturell der Frauen
Ist so nah mit Kunst verwandt. (GKFA 15.1, 771 f.) [28]

In ihm, dem Schöpfer von Figuren, »in denen süßester weiblicher Liebreiz sich mit männlicher Kraft zu einem so herrlichen Ganzen vereinigt« (so Ricarda Huchs Formulierung, die in Thomas Manns Exemplar mit einem großen Kreuz markiert ist; RH, 210) – in ihm verwirklicht sich der Menschheitstraum vom »Ganzmenschen«, also »von der Androgyne« (RH, 209). Der Verkünder des »Ewig-Weiblichen« erscheint selbst schon als seine beinahe mythische Verkörperung.

Einen bei Huch als Synonym des »Ganzmenschen« gebrauchten und weitaus heikleren Ausdruck greift Thomas
Mann in seinem Essay nicht auf. In seinem Exemplar von Ricarda Huchs Buch aber hat er den folgenden Satz am Rand angestrichen und das hier kursiv gesetzte Wort im Text nochmals
unterstrichen:

> das Wort *Mannweib*, das in unserer Zeit so gesunken ist und
> einen schlechten Klang angenommen hat, bezeichnet da-
> nach die schönste und vollkommenste Form, in der der
> Mensch sich darstellen kann. (RH, 209)[29]

Hier, scheint mir, fand Thomas Mann ausgesprochen und auf
den Begriff gebracht, was die Bewunderung für den *Faust*-Dich-
ter, den »mannweiblichen« Typus des »Genies« und die Verfasserin eines die *gender*-Ordnungen unterlaufenden Romans verbindet.

Vor dieser in solchen Künstlern und Kunstwerken schon
greifbar gewordenen Utopie aber konnten die vorgefundenen
Geschlechterrollen nicht bestehen. Gegen die in Deutschland
verbreitete »Neigung [...], das Ideal des Weibes in der Kuh und
das des Mannes im Schlagetot zu erblicken«, zitiert Thomas
Mann darum noch einmal mit Ricarda Huch aus Friedrich
Schlegel: »die Männlichkeit und die Weiblichkeit, so wie sie ge-
wöhnlich genommen und getrieben werden, [sind] die gefährlichsten *Hindernisse der Menschlichkeit*.« (GKFA 15.1, 772)[30]

Und darauf, auf die Menschlichkeit, kam es ihm jetzt, mehr
als zwanzig Jahre nach *Das Ewig-Weibliche* und den Geschlech-
terfragen der Paul-Ehrenberg-Zeit, vor allem an. Noch in den
späten, mythisch-humanen Entfaltungen dieser Anfangsidee
bleibt deren Strukturmodell erkennbar, immer wieder markiert durch Varianten der hier zuerst gebrauchten Formel. In
Die Ehe im Übergang wird, ein Jahr nach dem Ricarda-Huch-Auf-
satz, am Ende der ausführlichen Reflexionen zu geschlechtlicher Binarität und Androgynie, Geschlecht und Kunst, die

resümierende Formel »das Ewig-Menschliche« stehen (GKFA
15.1, 1038). Mit der Hinwendung zur Humanisierung des Mythos – und der Mythisierung des Humanen – greift dann die
alte Grundformel auch über das Ewig-Menschliche noch hinaus. »Wahrscheinlich«, ist 1932 über *Die Einheit des Menschengei-*
stes zu lesen,

> hat die frühe Menschheit [...] sich das ›Ewig-Weibliche‹
> selbst als den Urgrund der Dinge gedacht [...]. Man darf hier
> das Weibliche nicht als Gegensatz des Männlichen verste-
> hen. Der Urgrund der Dinge ist ›jungfräulich‹, das heißt: er
> ist mann-weiblich [...]. (GW X, 752 f.)

So wird auch im *Joseph* selbst über dem »Weiblich-Mensch-
lichen« wie über dem »Männlich-Menschlichen« das »Ewig-
Natürliche« stehen – und diese »gewisse Doppeltheit«, erklärt
der Erzähler, entspricht »der Zweiheit von Gottes Natur«.

Es ist ein weiter Weg, den ich hier zum Katzensprung ver-
kürzt habe, von den ersten Frauen-Essays zur Geschichte Mut-
em-enets. Und man kann deshalb bezweifeln, dass die großen
Gedanken des späten Riesenwerks tatsächlich in den vergleichsweise unbeholfenen frühen Skizzen schon entworfen
sein sollen. »Habe ich«, könnte ich mit dem Schreiber des Toni-
Schwabe-Essays am Ende dieses Kapitels selber fragen, »habe
ich [ihm] vielleicht gegeben, was nicht sein ist? Manchmal
beim Schreiben fürchtete ich's. Aber es könnte mich nicht be-
irren.«

Drittes Kapitel
»Künstlerjude«

1. »das Ghetto in der Seele«

Das Verhältnis des jungen Thomas Mann zu Juden und Judentum ist, will man seinen eigenen Worten Glauben schenken, sehr einfach. Die *Lösung der Judenfrage*, geschrieben als Antwort auf eine Rundfrage von Julius Moses und veröffentlicht 1907:

Ich bin, entgegen einer bestechenden Hypothese des Herrn Adolf Bartels,[1] kein Jude und stelle, obwohl der große germanische Lyriker und Literaturhistoriker das als »höchst wahrscheinlich« bezeichnet, keine jüdische, sondern nur eine romanische Blutmischung dar. Immerhin habe ich weder Recht noch Lust zu irgendwelchem Rassen-Chauvinismus, bin, wenn auch sonst mit ganz zweifellosen Überzeugungen nicht sehr reich gesegnet, ein überzeugter und zweifelloser »Philosemit« und glaube steif und fest, daß ein Exodus, wie die Zionisten der strengen Observanz ihn träumen, ungefähr das größte Unglück bedeuten würde, das unserem Europa zustoßen könnte. Diesen unentbehrlichen europäischen Kultur-Stimulus, der Judentum heißt, heute noch, und zumal in Deutschland, das ihn so bitter nötig hat, in irgendeinem feindseligen und aufsässigen Sinne zu diskutieren, scheint mir so roh und abgeschmackt, daß ich mich ungeeignet fühle, zu solcher Diskussion auch nur ein Wort beizusteuern. (GKFA 14.1, 174)

Das könnte schon das letzte Wort zum Thema sein – hätte Thomas Mann nicht im selben Text und in einer erstaunlichen Kehrtwendung das genaue Gegenteil dessen zu verstehen gegeben, was er hier so kategorisch erklärt. Die Worte, die er da zur Diskussion über das Judentum beizusteuern hat, gleiten selbst unmerklich hinüber ins Feindselige und Aufsässige. Im Ton

selbstverständlicher Beiläufigkeit spricht Thomas Mann, wenige Zeilen später, von »der zweifellos entarteten und im
Ghetto verelendetsten Rasse«, setzt als nicht weiter erläute-
rungsbedürftig voraus, dass weithin »das Ghetto dem Juden
heute noch in den Augen, dem Nacken, den Händen und zutiefst in der Seele sitzt« und gibt dann in einem nicht nur für
heutige Leser befremdlichen Gönnerton zu bedenken: »Es besteht schlechterdings keine Notwendigkeit, daß der Jude immer einen Fettbuckel, krumme Beine und rote, mauschelnde
Hände behalte, ein leidvoll-unverschämtes Wesen zur Schau
trage und im ganzen einen fremdartig schmierigen Aspekt ge-
währe.« Im Gegenteil sei dieser

> Typus des Juden, »wie er im Buche steht«, [...] eigentlich
> schon recht selten geworden, und unter dem wirtschaftlich
> bevorzugten Judentum gibt es heute schon junge Leute, die
> [...] doch einen Grad von Wohlgeratenheit, Eleganz und
> Appetitlichkeit und Körperkultur darstellen, der jedem ger-
> manischen Mägdlein oder Jüngling den Gedanken einer
> »Mischehe« recht leidlich erscheinen lassen muß. (GKFA
> 14.1, 176 f.)

So wiederholt der »überzeugte und zweifellose« Philosemit
ebenjenes Stereotyp mit unverhohlenem Nachdruck, das er gerade noch so entschieden verworfen hat.

Das Spannungsverhältnis zwischen explizit philosemiti-
scher Bestreitung des Klischees und seiner *de facto* antisemitischen Wiederholung – dieses Spannungsverhältnis sollte,
scheint mir, nicht voreilig relativierend eingeebnet werden,
etwa mit dem obligatorischen Hinweis auf Unterschiede der
Lektüre vor und nach dem Nationalsozialismus. Denn schon
textintern, in Thomas Manns eigenem Argumentationsgang,
ist der performative Widerspruch schlechterdings unübersehbar. Gerade weil er so eklatant erscheint, verlangt er nach Kon-
textualisierung. So beliebt gerade in den Diskussionen um

Thomas Mann und die Juden das Verfahren gewesen ist, einschlägige Belegstellen zu sammeln und auf eine Alternative von Philo- oder Antisemitismus hin zu befragen, so unergiebig ist es doch – wie das Beispiel zeigt.

Deshalb soll hier die Frage nach der Auseinandersetzung mit Juden, Judentum, *jewishness* zunächst im weiteren Zusammenhang der frühen Essays verfolgt werden, die auch hier (mitsamt einigen unveröffentlichten Notizen) für ihn als Versuchslabor und Denkwerkstatt fungieren. Was hier experimentierend erprobt wird, das geht dann in die Romane und Erzählungen ein und wirkt nicht selten bis weit ins spätere Lebenswerk hinein fort.[2]

Auf die Frage nach *seinem* Judentum etwa wird im Roman *Königliche Hoheit* (1909) der jüdische Arzt Dr. Sammet mit Formulierungen antworten, die wörtlich denjenigen im Essay zur *Lösung der Judenfrage* entsprechen, in dem Thomas Mann sie als seine eigene Überzeugung formuliert hat.[3] Schon dieser Befund selbst ist eigenartig: dass »die Judenfrage« von einer markant jüdischen Romanfigur mit genau denselben Worten beantwortet wird wie von seinem doch dezidiert als »kein Jude« auftretenden Verfasser. Damit nicht genug, entspricht die Stellungnahme zur »Ausnahme«-Existenz von Juden im Kaiserreich ja ihrerseits einem Grundgedanken aus dem hier einleitend zitierten Othello-Abschnitt (aus dem *Versuch über das Theater*). Der dort zur Personifikation aller Außenseiter, zu ihrem »erhöhten Statthalter« gemachte Dramenheld, auch er »gezeichnet und in seinem Gemüt eine dunkle Ausnahme unter den Regelrechten«, fand sich ja eben infolge dieser Ausnahmehaftigkeit »ganz und gar auf die *Leistung* gestellt«. Sammets Bemerkung über das Leben als Jude bildet also einen spezifizierenden Anwendungsfall einer Allegorie, die wiederum aus privaten, ja intimen Reflexionen eines erotischen Außenseiters hervorgegangen ist. Über die Bande der essayistisch abstrahierenden Modellbil-

dung gespielt, transformiert sich so vor unseren Augen die
eigene, erotisch bestimmte Außenseitererfahrung in die In-
nensicht eines sich als Außenseiter erfahrenden Juden. Und
dabei geht es zwischen Reflexion, Fiktion und Metafiktion beständig und produktiv hin und her.

In diesem weiteren Kontext der frühen Essays und Erzählungen Thomas Manns sind nun die (einander durchkreuzenden,
manchmal Haken schlagenden) Spuren seiner Auseinandersetz-
zungen mit Juden und Judentum zu verfolgen. Sie führen abermals in eine sonderbar zweideutige Identifikation.

2. Luischens Wiederkehr

Wer von Thomas Manns früher und stets ambivalenter Einstel-
lung zu Juden und Judentum reden will, muss abermals von
seinen Auseinandersetzungen mit Kunst und Männerweiblichkeit reden, vom produktiven *gender trouble*. Keine literaturwissenschaftliche Mode zwingt uns dazu, auch keine Über-
schätzung des Themas, sondern Thomas Mann selbst.

Das letzte Kapitel hat gezeigt, wie sich Thomas Mann 1903
und 1904 in seinen Essays über die explizit lesbische Dichterin
Toni Schwabe und über die Erfolgsschriftstellerin Gabriele
Reuter mit einem »weiblichen Kultur- und Kunstideal« identifiziert; wie er in der ersten Person Plural von den Verehrern
eines »Ewig-Weiblichen« spricht; wie er schließlich das mit der
unbekannten Außenseiterin Schwabe gewonnene Konzept
einer die *sexes* übergreifenden Künstler-Weiblichkeit gleichsam
der Autorität der angesehenen Gabriele Reuter unterstellt. In
Schwabes Roman – vor allem in dessen Experimenten mit unterschiedlichen Geschlechterrollen, mit hetero- und homoerotischen Beziehungsmodellen – hat Thomas Mann eine Ausdif-
ferenzierung der einfachen Geschlechterdichotomie gefunden,
die es ihm erlaubt, auch und gerade über »die Frau als Künstle-

rin« und »die künstlerische Frau« aus einer identifikatorischen
Perspektive zu schreiben. In den veröffentlichten Frauen-
Essays wie auf andere Weise in den Fragment gebliebenen
Entwürfen zu *Maja / Die Geliebten* bekennt er sich zur Mann-
weiblichkeit des Künstlers mit einem ausnehmend offensiven Selbstbewusstsein. Der Ausdruck von Selbsthass eines
Stigmatisierten wird umgedeutet zum Zeichen heimlicher Erwählung – und zugleich bleiben doch die »Ausgezeichneten«,
noch im Modus dieser Umdeutung, fixiert auf die Erfahrung
der »Gezeichneten«.

So kann es geschehen, dass in gleichzeitigen Publikationen
das so resolut umgedeutete und abgetane Stigma unversehens
und aggressiv wieder in den Vordergrund gerückt wird: dass
derselbe Autor, und zwar aus derselben identifikatorischen
Perspektive heraus, erneut eine der Selbstbehauptung genau
entgegengesetzte Darstellung und Bewertung proklamiert. Offenkundig ist das der Fall in der Wiederveröffentlichung von
Luischen. Man erinnere sich: 1897 hatte Thomas Mann diese Erzählung geschrieben, etwa ein Jahr nach dem *Kleinen Herrn Friedemann*; 1900 war sie in der *Gesellschaft* erschienen. 1903 setzte
Thomas Mann dem, wovon sie redete, das *Ewig-Weibliche* entgegen und das Bekenntnis zu einem »weiblichen Kultur- und
Kunstideal«. Und nahm zur gleichen Zeit die alte Erzählung in
den neuen Novellenband *Tristan* auf, wo sie sich nun wie eine
höhnische Antwort las auf Tonio Krögers Frage nach der Männlichkeit des Künstlers.

Mit marktstrategischen Erwägungen wie der Vervollständi-
gung eines etwa als zu schmal empfundenen Sammelbandes
oder dem Wunsch nach abermaliger Verwertung einer älteren
Arbeit lässt sich dieser eigenartige Vorgang kaum erklären.
Denn für beides hätte die Sammlung *Der kleine Herr Friedemann*
von 1898 sehr viel mehr Anlass geboten – zumal Thomas Mann
die doch schon in den *Tristan* aufgenommene Erzählung in der

veränderten Neuauflage der Friedemann-Sammlung 1909 tatsächlich noch einmal erscheinen ließ. Dass Thomas Mann damals, in seinen literarischen Anfängen, den noch ganz frischen und überdies mit der Titelgeschichte ja strukturell eng verwandten Text für sich behalten hatte, das mag allenfalls mit der als zu drastisch empfundenen, zu wenig in »diskrete Formen und Masken« (GKFA 21, 89) gehüllten Darstellung transvestitischer Männerweiblichkeit zusammenhängen – die ihn aber andererseits doch nicht hinderte, ihn zwei Jahre später in der *Gesellschaft* dann doch zu veröffentlichen. Wie man es dreht und wendet, die Aufnahme von *Luischen* in das Buch von 1903 lässt sich am plausibelsten als Versuch verstehen, den Andeutungen Tonio Krögers und der Eindeutigkeit der eigenen Proklamation ein Kontrastbild gegenüberzustellen: der metaphysisch überhöhten Beschwörung eines *Ewig-Weiblichen* das Schreckbild vom bürgerlich etablierten Herrn als effeminierter Tunte, dieses schaurige Zerrbild künstlerischer Weiblichkeit, das sich buchstäblich tödlich blamiert und vor Scham stirbt. Die Enthüllung geschlechtlicher Ambivalenz *als eines Stigmas* wird hier, während sie der Essay gleich nebenan zur Vorbedingung wahrer Kunst erhebt, mit sadistisch-triumphaler Geste vollzogen. In der Tat, »ich züchtigte mich selbst in dieser Gestalt« – wieder einmal, und mit einer Gewaltsamkeit, als sei nichts gewesen.[4]

In der Auseinandersetzung mit der künstlerischen Männer-Weiblichkeit also ist dem Frieden selbst dann nicht zu trauen, wenn er mit Hilfe von Wagner'schen Orchesterklängen und Goethes *Faust* inszeniert wird – weder dem äußeren noch dem so energisch behaupteten inneren. Schon hier ist die Stabilität des Selbstbehauptungsmodells prekär, schon hier kann das so selbstbewusst-offensiv vorgeführte und scheinbar so erfolgreiche Stigma-Management jederzeit umschlagen in Selbsthass und Selbstekel wie in Friedemanns Zeiten: in eine Wiederkehr der Angst und die heillose Bejahung der Stigmatisierung, die als antizipierte und auf sich selbst zurückgewendete Aggression der Anderen erscheint.

Das Verhältnis zwischen dem Bild des wahren Künstlers als einer sensitiven Frau und dem monströsen »Luischen« entspricht nun genau demjenigen, das sich etwa in *Die Lösung der Judenfrage* zwischen philosemitischem Bekenntnis und antisemitischem Klischee zeigte. Hier wie dort lässt sich dieselbe Ambivalenz beobachten, und hier wie dort nimmt die Angst vor dem Sichtbar- und Hörbarwerden des Stigmas eine zentrale Position ein. Was für Figuren wie Christian Jacoby alias »Luischen« (und seine lediglich weniger krass inszenierten Nachfolger wie den unter die Damen geratenen Tonio oder dann den falschen Jüngling in *Der Tod in Venedig*) die peinlichen Insignien der Effeminiertheit bedeuten,[5] das ist in den Darstellungen von Juden die »ein wenig platt auf der Oberlippe« aufliegende Nase,[6] das sind die scharf hervortretenden »Merkzeichen seiner Art« oder, ebenfalls am Schluss der ersten Fassung von *Wälsungenblut*, das Hörbarwerden jener Herkunft, die der Erzähler selbst so zweideutig-diskret umschrieben hat, wie sie von seinen Protagonisten verborgen gehalten wurde.

»Wir Plebejer und Tschandalas«, hatte Thomas Mann am Ende des Toni-Schwabe-Essays formuliert. Und vom »Typus des Juden« als eines »Tschandala« spricht der Essay zur *Judenfrage*. Das Verhältnis des Verfassers von *Das Ewig-Weibliche* und *Luischen* zu Juden und Judentum – es könnte, unter dem verbindenden Aspekt des Stigmas, auf eine denkbar heikle und anstößige Weise nicht weniger identifikatorisch bestimmt sein als das zu Frauen und zum »Weiblichen«; identifikatorisch im Guten wie im Bösen, im Stolz auf die Auszeichnung und in der Scham über den Makel. Thomas Mann selbst jedenfalls hat eine solche Analogie-Beziehung zwischen beiden Formen gesellschaftlicher Stigmatisierung mehrere Male überraschend ausdrücklich behauptet.

3. »ist man ein Jude – ist man eine Frau«

Eine strukturelle Analogie von Juden und Frauen hebt der Essayist Thomas Mann auch dort hervor, wo der Kontext seiner
Argumentation das keineswegs erfordert – hebt sie hervor, um
sie dann allgemeinen Überlegungen über das Verhältnis von
Stigmatisierung und Identität zu subsumieren. »Man muß
wissen, was man ist«, schreibt er, in sententiöser Verallgemei-
nerung, im *Gabriele Reuter*-Essay: »Man hat das Prinzip zur Geltung zu bringen, das man darstellt.« Zur Illustration führt er
dann erstmals die Analogisierung ein, die in der Besprechung
eines populären ›Frauenromans‹ wie ein Fremdkörper wirkt:

> Ist man ein Jude, so wird man heute die Echtheit seiner Wir-
> kung zu beeinträchtigen fürchten, indem man darauf be-
> stünde, den Hellenen zu spielen. Ist man eine Frau, so sollte
> man sich heute kein männliches Pseudonym mehr beilegen
> […].

Für beide Seiten der Analogie werden nun Beispiele einer literarischen Gestaltung angeführt, deren Modernität ausdrücklich aus ihrer ›Bewusstheit‹ und offensiven ›Betonung‹ abgeleitet wird:

> Das bewußte und betonte Judentum, etwa bei Jakob Wasser-
> mann, ist in eben dem Sinne modern wie die bewußte und
> betonte Weiblichkeit bei Gabriele Reuter und einigen der
> feinsten ihrer Mitschwestern. (GKFA 14.1, 67)

Vier Jahre später hat Thomas Mann auch Jakob Wassermann
einen Essay gewidmet (1908). Anhand des Romans *Caspar Hauser*
wird darin ein exemplarischer Fall gesellschaftlichen Außenseitertums entwickelt – eines Außenseitertums, das explizit jüdisch und mindestens implizit auch homoerotisch begründet
ist.[7]

Dreierlei ist es, was Juden und »Frauen« (im Sinne emanzi-
pierter, also aus der gesellschaftlichen Rolle fallenden Schrift-

stellerinnen wie im Sinne mannweiblichen Künstlertums) in
Thomas Manns Augen gemeinsam haben. Erstens das, was er in
Die Lösung der Judenfrage »das Pathos der Ausnahme im Herzen«
nennt, zweitens Stigmatisierung, Marginalisierung, Assimila-
tionsdruck und drittens die daraus folgende Notwendigkeit
einer offensiven und schöpferischen Selbstbehauptung – die in
literarischen Modellbildungen wie Wassermanns Caspar Hauser
allgemeine Repräsentativität gewinnen kann.

Solche Modellbildungen, mitsamt der sie begründenden
Analogisierung von geschlechtlicher und antisemitischer Stigmatisierung, konnte Thomas Mann schon früh auch im Werk
Andersens oder Herman Bangs entdecken: bei Andersen in den
Romanen O. T. und dem in Deutschland zu Bestseller-Erfolg
gelangten Nur ein Geiger (Kun en Spillemand), bei Bang mit pro-
grammatischem Anspruch in dem 1906 erschienenen letzten
Roman Die Vaterlandslosen (De uden Fædreland). In allen drei Werken wird ein homoerotisches Stigma in solcher Weise in ein jüdisches übersetzt, dass das eine hinter dem anderen sichtbar
wird.[8]

Noch näher aber liegt diese Analogie in einem Text, dem
Thomas Mann denn auch 1910 einen seiner umfangreicheren
literaturkritischen Essays widmet: Adelbert von Chamissos Erzählung von Peter Schlemihl, dem Mann ohne Schatten. Ganz
ähnlich wie in den Othello-Erörterungen – nur ungleich umfangreicher – entwickelt und erprobt er hier anhand eines vorgegebenen literarischen Beispiels modellhaft Zusammenhänge
zwischen erotischen und rassistischen Diskursen, und dabei
lugt die Auseinandersetzung mit jüdischen Außenseitererfah-
rungen schon aus den Kulissen. Freilich vollzieht sich dieses
Experiment eher zwischen den Textentwürfen als in einem Text
allein.

Folgt man nicht sogleich dem Essaytext selbst, sondern zunächst den Lesespuren in Thomas Manns Handexemplar der Er-

zählung, dann wird sichtbar, wie hier Schlemihls romantisches
Außenseitertum primär als ein erotisches gelesen und damit
auch auf die eigene Lebenssituation bezogen (oder es von dieser
ausgehend erschlossen) wird: inwiefern also Thomas Mann
Chamissos Erzählung las als camouflierte Modellstudie eines
(homo-)erotischen Stigmas. Die durch seine Anstreichungen oft
mit entschiedener Akzentuierung, ja Akzentverschiebung hervorgehobenen Passagen ergeben – dies die von Thomas Mann
unter- oder angestrichenen Formulierungen in Chamissos Text
– das »Bekenntnis« eines Mannes, der mit dem Teufel einen sonderbaren Pakt geschlossen hat.[9] Schlemihls Erkenntnis, er habe
damit »den Fluch auf mich geladen«, daraufhin »durch Liebe fre-
velnd in eines andern Wesens Schicksal mich gedrängt« und so
»Verderben gesät«, ist in Thomas Manns Exemplar angestrichen, wird aber in seinem Essay nicht verwendet. Anders die
Darstellung des Teufelspakts selbst. Sie akzentuiert dessen
potenziell erotische Untertöne: Der Graue erscheint als »der
sonderbare Liebhaber« und der umworbene als »der betörte«
Schlemihl; hervorgehoben werden auch das Stottern, Verstum-
men und Erröten. Fortan ist der Teufelsbündner mit einem
»düstern Geheimnis« behaftet; in Thomas Manns Exemplar ist
hier das Wort »düstern« einfach, das Wort »Geheimnis« doppelt
unterstrichen. Auch die folgende Passage hat Thomas Mann angestrichen, ohne sie in seinem Essay wiederaufzunehmen:

> Lieber Freund, wer leichtsinnig nur den Fuß aus der geraden
> Straße setzt, der wird unversehens in andre Pfade abgeführt,
> die abwärts und immer abwärts ihn ziehen; er sieht dann
> umsonst die Leitsterne am Himmel schimmern, ihm bleibt
> keine Wahl, er muß unaufhaltsam den Abhang hinab und
> sich selbst der Nemesis opfern. (AC, 40)

So, als Schattenloser, ist Schlemihl »dem letzten meiner
Knechte« unterlegen, »denn er hatte einen Schatten, er durfte
sich sehen lassen in der Sonne«. Der Ausgestoßene »vertraurte

einsam in meinen Zimmern die Tag' und Nächte, und Gram zehrte an meinem Herzen«; »durch frühe Schuld von menschlicher Gesellschaft ausgeschlossen«, leidet er an »Scham, [...] Angst, [...] Verzweiflung«. Die ständige Angst vor dem Durchschautwerden zeigt sich besonders drastisch in der im Essay hervorgehobenen »Episode mit dem Kunstmaler«, der ihm – vergebens – einen künstlichen Schatten malen soll. Erst unter mehrfacher Deckung wagt der »Gezeichnete« sich »wieder unter die Menschen« und beginnt »eine Rolle in der Welt zu spielen«: im Schutz seines Dieners, seines Reichtums und einer Geliebten, die trotzdem auf seiner Seite steht. Sein stammelndes Geständnis (»Weißt du, wer dein Geliebter – – was er –? Siehst du mich nicht krampfhaft zusammenschaudern und vor dir ein Geheimnis haben?«) beantwortet sie mit der Bereitschaft zum Verzicht auf die »Liebe des Gezeichneten« und dem Stolz auf seinen Ruhm: Schlemihl »gehört nicht mir, gehört der Welt an. Will stolz sein, wenn ich höre: das ist er gewesen, und das war er wieder, und das hat er vollbracht« (AC, 26).

Schon in Chamissos Erzählung also liest Thomas Mann die tragisch scheiternde »Liebe des Gezeichneten, Gehetzten, Infamen, Verdammten« (GKFA 14.1, 323) und sein ehehinderndes und, so abermals wörtlich, »schimpfliches Gebrechen« als erotische Konstellation. Zugleich aber liest er sie als eine ›rassische‹ und wohl auch, mit dem Namen der titelgebenden Außenseitergestalt, als eine Konstellation des Judentums. Zwar geht er nicht ausdrücklich darauf ein, dass der Name »Schlemihl« jiddischen Ursprungs ist und einen (jüdischen) Pechvogel bezeichnet – aber man wird nicht fehlgehen, wenn man dieses Allgemeinwissen in seinen Erörterungen über Einsamkeit und Außenseitertum des ewig wandernden Helden zwischen den Zeilen überall mitliest. Dieser doppelte Schlemihl ist es, den Thomas Mann dann in den *Betrachtungen* den »guten Bruder« Tonio Krögers nennen wird.

Unübersehbar aber werden die *ethnischen* Stigmatisierungen erst dort, wo über Chamissos Märchenhelden hinaus auch dessen Autor in den Blick kommt. Das geschieht in Thomas Manns großem *Chamisso*-Porträt von 1911, das den *Schlemihl*-Essay aufnimmt und umfangreich erweitert. Hier zeichnet Thomas Mann das Bild Chamissos ausdrücklich als das eines Außenseiters von »Rasse und Blut«. Denn ausgerechnet jener »deutsche Schriftsteller, der unseren Knaben als erstes, gültiges Muster vorgestellt wird«, so schreibt Thomas Mann, »war ein Fremder, ein Ausländer«; umso leidenschaftlicher habe er, der Franzose im antifranzösischen Krieg, sich an die Überzeugung geklammert, »nun wirklich ganz und im Herzen ein Deutscher geworden« zu sein. Aber kann man der zum Stigma gewordenen Herkunft entkommen?

> Wir Heutigen, die wir weniger an das »Herz« als vielmehr an Rasse und Blut glauben und diesen Glauben vielleicht bis zum Aberglauben übertreiben, mögen hier zum Zweifel neigen; und in der Tat wäre heute, unter dem Druck einer allgemeinen Devotion vor der bindenden Macht des Blutes, der Fall Chamissos auch subjektiv kaum möglich. (313)

Ein Außenseiter von »Rasse und Blut« wie er, heißt das, könnte sich im deutschen Kaiserreich des Jahres 1911 nicht mehr als einen Dazugehörigen erfahren; da hilft kein Anpassungswille und keine Sehnsucht. So skeptisch dieser Satz sich aber dem Druck der »allgemeinen Devotion« widersetzt, so wenig kann er sich ihm doch entziehen. Der »vielleicht bis zum Aberglauben« übertriebene Glaube »an Rasse und Blut« wird auch vom Schreiber dieser Zeilen geteilt. Umso schärfer und unbarmherziger aber liest sich angesichts dieser Ambivalenz das Resultat: Unternähme Chamisso heute noch einmal seine Assimilationsversuche, er könnte sie nicht einmal subjektiv als gelungen empfinden – er müsste auch für sich selbst unentrinnbar »ein Fremder« sein.

Es verwundert nicht, dass dieser ethnische Außenseiter in Thomas Manns Porträt auch die uns schon bekannten Züge künstlerischer Männerweiblichkeit trägt. Ein »hochgewachsener, sanfter Mensch mit lang herabhängendem, glattem Haar und edlen, beinahe schönen Gesichtszügen«, hat er ein »sanftes und anschlußbedürftiges Herz«, das zu »Freundschaften mit gleichgestimmten Jünglingen« geneigt ist; so dichtet er den »sanften Liederreigen von Frauen-Liebe und Leben« (als weibliche Rollenpoesie in der ersten Person Singular), so schildert er in seinen Reiseaufzeichnungen den Südseeinsulaner Kadu als »einen der Menschen, die er am meisten geliebt«, und so schreibt er endlich die Geschichte Schlemihls als ein »Bekenntniß« im Märchenkleid, denn: »Dichter, die sich selbst geben, wollen im Grunde, daß man sie erkenne.«

Umso überraschender aber dann, dass der Chamisso-Essay dennoch mit jenem kaum verschlüsselt autobiographischen Bekenntnis zur Assimilation des Außenseiters endet, das seinem Autor die öffentliche Verachtung als Philister eintrug.[10] »Man kann nicht immer interessant bleiben«, fügt Thomas Mann seinem Spott über die »ewigen Bohèmiens« hinzu: »Man geht an seiner Interessantheit zugrunde oder man wird ein Meister.« »Interessant«: das ist hier nichts anderes als eine diskrete Umschreibung für das Außenseiterdasein.

Aber wie liest sich diese forsch optimistische Alternative am Ende des Chamisso-Essays eigentlich im Licht jenes Bedenkens nur wenige Seiten zuvor: dass »in der [...] Tat heute, unter dem Druck einer allgemeinen Devotion vor der bindenden Macht des Blutes, der Fall Chamissos auch subjektiv kaum möglich« wäre? Jemand, der im wilhelminischen Deutschland etwa als Jude lebte (und schriebe), käme womöglich gar nicht umhin, sich lebenslang selbst gleichsam mit antisemitischen Augen sehen zu müssen.

4. »Tomi, das Weibchen« und der Doktor Lessing

Geradezu exemplarisch scheint Thomas Manns heftige und lang andauernde Parteinahme im Kritikerstreit zwischen Samuel Lublinski und Theodor Lessing mitbestimmt zu sein durch die am eigenen Leib erfahrene Stigmatisierungserfahrung und Stigmatisierungsangst – vom etwa gleichzeitig mit den Arbeiten zu Chamisso verfassten Essay *Der Doktor Lessing* 1910 bis zu den eiskalten Kommentaren zu Lessings Ermordung 1933. Worum ging es da?

In einer im September 1902 erschienenen Besprechung und dann in einem Abschnitt seines Buches *Die Bilanz der Moderne* (1904) hatte der Kritiker und Literaturtheoretiker Samuel Lublinski – als einer der ersten – Thomas Manns *Buddenbrooks* gerühmt. Und er hatte den Autor selbst vorgestellt im Bild »einer intellektuellen und jünglinghaften Männlichkeit, die in stolzer Scham die Zähne aufeinander beißt und ruhig dasteht, während ihr die Schwerter und Speere durch den Leib gehen« (*Bilanz*, S. 226). Als »schön, geistreich und exakt« hat Thomas Mann diesen Passus wörtlich, nun bezogen auf Gustav von Aschenbach, in *Der Tod in Venedig* übernommen; dazu könnte der Umstand beigetragen haben, dass der damit evozierte Bildtypus vom Martyrium des heiligen Sebastian sich auch als Teil der homoerotischen Ikonographie verstehen ließ (GKFA 2.1, 511). Seither empfand Thomas Mann gegenüber Lublinski eine Dankbarkeit, die er immer wieder ausgesprochen hat, vom brieflichen Dank »für den Schutz, den Sie mir gegen den immer wiederkehrenden Vorwurf der ›Kälte und Mache‹ gewähren« (23. Mai 1904; GKFA 21, 278) bis zu späteren Essays wie *Zur jüdischen Frage* von 1921 (GKFA 15.1, 432).

Umso begreiflicher, dass der scharfe Angriff, den der Schriftsteller und Kulturphilosoph Theodor Lessing am 20. Januar 1910 in der *Schaubühne* gegen Lublinski richtete, auch Thomas

Mann heftig aufbrachte. Lessings Polemik *Samuel zieht die Bilanz*
greift die Person Lublinskis in zweifacher Hinsicht an: zunächst als Verkörperung einer vermeintlich lebensfremden
Literaturkritik, gegen deren »Hochmut des Geistes« Lessing
schon lange zu Felde gezogen war, dann aber auch als Vertreter
eines ›assimilierten‹ (Ost-)Judentums – »ich sah in ihm den
Schulfall einer häufigeren Ordnung talmudischer Geistigkeit,
die zuwenig durchblutet und erschaut und zu viele belletristi-
sche Bücher liest«. Die physiognomische Karikatur, die Lessing
nach eigenen Angaben im Sinn hatte, greift umfangreich zurück auf antisemitische Karikaturen des 19. Jahrhunderts. Als
»fettiges Synagöglein« verspottet Lessing das »mauschelnde«
(das Wort kommt leitmotivisch vor) ›Talmud-Gebürtchen« –
»denn eigentlich hätte sein liebes Väterchen an einem schönen
Schabbes ein kleines Talmudtraktätchen erzeugen wollen, aber
aus Versehen ist aus dem kniffeligen rabbinischen Büchlein ein
kluges Samuelchen geworden.«[11]

Lessings Artikel löste eine heftige öffentliche Debatte aus. An
Aggressivität und Schärfe lässt Thomas Manns Essay, der am
1. März 1910 im *Literarischen Echo* erschien und neben gesteiger-
ter öffentlicher Skandal-Neugier schließlich sogar eine Duell-
forderung Lessings nach sich zog, wahrhaftig nichts zu wünschen übrig. Lessings Artikel, so zürnt er, bilde

> von Anfang bis zu Ende eine Verhöhnung der bürgerlichen
> Person des Mannes, – ein verleumderisches Zerrbild, wie es
> roher und insipider unmöglich zu denken ist. Da wird uns
> eine »kleine, kugliche Gestalt«, ein »gestikulierendes«, »pur-
> zelndes« Etwas auf »kurzen, fahrigen Beinchen« sichtbar zu
> machen gesucht, ein »fettiges Synagöglein«, das [...] »sich gar
> naiv ins Zimmer mauschelt«, mit den Beinchen »mauschelt«,
> mit den Ärmchen »mauschelt« [...], das »sein liebes Väter-
> chen an einem schönen Schabbes aus Versehen statt eines
> rabbinischen Traktätchens erzeugt« habe und das von sei-

nem Schwesterlein gepäppelt, an den hohen Feiertagen wohl auch einmal gewaschen werde, – es […] »schnüffelt nach literarischen Gelegenheiten, an denen es sein Wasser abschlagen« könne, es »hebt das literarische Beinchen« […]; es mauschelt dem würdevollen Herrn Lessing, den solche Laute natürlich im tiefsten befremden müssen, beständig vor, was für Dramen es zu schreiben gedenke […]. So geht es mit läppischen Diminutiven, mit heinelnden »gar sehr«, »gar wohl« und »gar gern«, mit stumpfsinnig-unermüdlichen Wiederholungen des Wortes »mauscheln« acht Seiten lang fort. Am Ende erscheint die »mißratene maurische Synagoge« Herrn Lessing im Traum, teilt sich in viele kleine mauschelnde Mißgeburten, die nicht sehen, nicht hören und nicht riechen können, sondern Herrn Lessing, sehr euphemistisch, einen »Nachzügler der Neuromantik« heißen und ihm, vollkommen mit Recht, die Existenzberechtigung absprechen, worauf er sie ernstlich ermahnt, »doch endlich« seine philosophischen Werke zu lesen. Das Ganze aber, gibt Herr Lessing uns zu verstehen, sei erstens das Porträt des Herrn Samuel Lublinski und bedeute darüber hinaus den »schreibenden Typus«, den Herr Lessing den »espritjüdischen« nenne. (GKFA 14.1, 219–221)

Dagegen will nun Thomas Mann protestieren, zur Verteidigung Lublinskis; und auch bei ihm wird der Verteidigte zum *Repräsentanten* – ebenjenes »schreibenden Typus« nämlich, »den Herr Lessing den ›espritjüdischen‹ nennt« und den Thomas Mann bei anderer Gelegenheit als »Literaten« bezeichnet.

Schon in dieser ersten Entgegnung ist unübersehbar, dass die Angriffslust der Antwort diejenige ihres Anlasses noch übersteigt. Dass man dem Gegner, und zwar »vollkommen mit Recht, die Existenzberechtigung absprechen« solle, das war selbst Lessing nicht eingefallen. Auch das »niedrige Ressentiment«, das Thomas Mann ihm durchaus zu Recht vorwirft, und die antisemitische Denunziation, der er explizit widerspricht, werden – ganz ähnlich wie drei Jahre zuvor im Essay zur *Judenfrage* – unversehens implizit von ihm selbst praktiziert:

> Nur der vermag die herausfordernde Unmöglichkeit des Schaubühnenartikels völlig zu würdigen, der zufällig weiß, welch ein »Gebürtchen« als Autor dahinter steht. Es ist nicht zu sagen, wo überall Herrn Lessings Wiege gestanden haben könnte, gesetzt, daß er eine gehabt hat. Demütigende Lebenserfahrungen, deren man sich selbst ihm gegenüber nicht als Waffe bedienen mag, sollten ihn, was Mangel an körperlichem Liebreiz betrifft, altruistisch gestimmt haben [...]. Wer im Glashause sitzt, lehrt das Sprichwort, sollte nicht mit Steinen werfen; und wer sich als Schreckbeispiel schlechter jüdischer Rasse durchs Leben duckt, verrät mehr als Unweisheit, verrät schmutzige Selbstverachtung, wenn er sich für Pasquille bezahlen läßt, deren drittes Wort »mauscheln« lautet. (222 f.)

Schon in der Einleitung zu diesem Absatz verbindet sich der Hohn über das »Schreckbeispiel schlechter jüdischer Rasse« und seine »Selbstverachtung« mit einem zweiten Thema, das hier umso auffälliger erscheinen muss, als es weder in Lessings Essay eine Rolle spielt noch überhaupt zur Sache gehört:

> Herr Lublinski ist kein schöner Mann, und er ist Jude. Aber ich kenne auch Herrn Lessing (wer kann für seine Bekanntschaften!), und ich sage nur so viel, daß, wer einen Lichtalben oder das Urbild arischer Männlichkeit in ihm zu sehen angäbe, der Schwärmerei geziehen werden müßte.

Da sind sie zu einer Formel zusammengezogen: die problematische Männlichkeit und das peinliche Judentum.[12]

Und es bleibt nicht bei diesem einen Text. Entschieden angefeuert wird Thomas Manns unermüdlich hitziges Vorhaben, »dem unverschämten Zwerge [Lessing] gebührend übers Maul zu fahren«, durch den peinlichen Umstand, dass Lessing nun seinerseits sowohl Thomas Manns Ariertum in Zweifel zieht als auch seine ungetrübte Männlichkeit. Denn derart verletzt und gereizt, lässt der Denunzierte sich die Chance nicht entgehen, in seinen denunzierenden Gegenangriffen die Analogie von Männerweiblichkeit und Judentum, die Thomas Manns *vor* dem Entschluss zur Ehe publizierten Selbstdarstellungen ihm ja geradezu bereitgestellt hatten, gegen diesen selbst zu mobilisieren.[13] Als sei es ein grelles Satyrspiel zur Tragödie zwischen Heine und Platen[14] – auf die Lessing tatsächlich einmal anspielt –, apostrophiert nun also der in seiner Männlichkeit verspottete jüdische Intellektuelle den homosexuellen Intellektuellen als einen Mann »für Herrengeschmack«, als »etwas femininen, dekadenten Patriziersohn« und geradezu, mit dem Scharfblick des Hasses, als »Tomi, das Weibchen« (dagegen: »Katja, sein Mann«). Und diese Angriffe publiziert er nicht nur irgendwo, sondern schickt sie vorsorglich auch direkt an Thomas Manns Schwiegermutter.

Die Angst des mühsam und instabil Assimilierten vor dem Zusammenbruch der Assimilation – aus ihr ließen sich die antisemitischen Töne und Passagen in Thomas Manns Auseinandersetzung mit Lessing ebenso ableiten wie diejenigen in Die Lösung der Judenfrage. Wer erkennt, dass »seinesgleichen nie sicher sein kann«, und befürchtet, er habe nicht klug daran getan, sich zu vermählen, der wird auf öffentliche Angriffe gegen seine Vermählung mit Gewalt reagieren; »und der Rest ist das Chaos, ist Mord und Selbstmord.« Wem das eigene »Ghetto« von Untergrund und Heimlichkeit so dauerhaft »in der Seele sitzt«, wer selbst alles daransetzen muss, »appetitlich« zu erscheinen und namentlich seine Eignung für die Ehe unter Beweis zu stellen: der ist für die unappetitliche Hässlichkeit der anderen Außenseiter und Einzelgänger so empfindlich, wie er unter der eigenen leidet – was das unablässige Bemühen, sie umzudeuten zur »Weihe« der »Auserwähltheit«, niemals ausschließt.

Dass ausgerechnet Theodor Lessing dabei jenen völkischen Hetzern in die Hände arbeitete, die doch seine und Thomas Manns gemeinsame Feinde waren, macht das Satyrspiel vollends zur Tragödie. Gegenüber derselben antisemitischen *Staatsbürger-Zeitung*, der Thomas Mann erst wenige Tage zuvor versichert hatte, er sei keineswegs ein Jude, muss er nun, im Dezember 1912, einen Kampf an zwei Fronten führen:

> Selbstverständlich war es, bei jener von Herrn Professor *Bartels* herangezogenen *Kontroverse* zwischen dem Privatdozenten Dr. Theodor *Lessing* und mir, eine Finte meines noblen Herrn Kombattanten, daß er die Familie meiner Frau beständig als *meine* Familie bezeichnete. Und »Jude nach Blut und Stolz« (der sich Lessing nennt, obgleich er Ihrer Angabe nach Lazarus heißt) glaubte mir eins auszuwischen, indem er den Schein erweckte, daß auch ich jüdischer Abstammung sei. (GKFA 14.1, 346)

Mit beiläufiger Bosheit geht da der Widerspruch gegen die Berichterstattung des Blattes in eigener Sache über in deren devote Zitation, sobald von seinem Gegner die Rede ist. Im ersten der beiden Leserbriefe dieses Lesers, am 8. Dezember 1912, hatte das noch sehr viel widerständiger und selbstbewusster geklungen. »Wenn ich Jude wäre«, hatte Thomas Mann da geschrieben,

> würde ich hoffentlich Geist genug besitzen, mich meiner Abstammung nicht zu schämen; da ich keiner bin – und zwar nicht nur nicht meiner Konfession nach, sondern mit keinem Tropfen meines Blutes – kann ich nicht wünschen, daß man mich für einen halte. (345)

Jetzt, vom Zeugen Lessing gefährlich in die doppelte Zwickmühle der erotischen und der jüdischen Außerordentlichkeit getrieben, reagiert Thomas Mann rasch und präzise wieder mit dem antisemitischen Reflex.

Umso peinigender wird dem Schreiber dann und infolgedessen aber die Legitimation der Ehe mit einer Jüdin – seine Frau sei doch, bitte sehr, »Tochter des Ordinarius für Mathematik an der Münchner Universität, Professor Alfred Pringsheim, und mütterlicherseits die Enkelin der bekannten Schriftstellerin Hedwig Dohm«; der Umstand, dass es sich um eine jüdische Familie handelte, wird gar nicht mehr ausdrücklich erwähnt. »Daß ich also eine Mißheirat eingegangen sein sollte, will meiner Bescheidenheit nicht sogleich einleuchten.« Dass aber mit »Mißheirat« in diesem Kontext gerade keine soziale, sondern ausschließlich eine ›rassische‹ Differenz in Rede stand, eine »Mischehe«, wie sie im *Judenfrage*-Essay immerhin als »recht leidlich« bezeichnet worden war: das musste dem Schreiber von jenem Augenblick an klar gewesen sein, in dem er bei der Abwehr von Lessings Insinuationen der Redaktion in halber Kumpanei zugezwinkert hatte.

Umso bemerkenswerter ist die Konsequenz, mit der derselbe Autor, der hier, mit dem Rücken zur Wand, so zweideutig und timide agiert, die eigene »Blutmischung« offensiv herausstellen kann. Gegenüber dem antisemitischen Blatt geschieht das noch lediglich defensiv. Wenn Adolf Bartels den Dichter Richard Dehmel einen »slawischen Virtuosen« nenne, dann solle er, so endet der Leserbrief, getrost Heinrich und Thomas Mann »»romanische Artisten‹ nennen. Juden sind wir nun einmal nicht.«

Doch in derselben offenen Widersprüchlichkeit, mit der Thomas Mann nach der Entscheidung für eine demonstrative *pater-familias*-Existenz eine bis an den Rand des Autobiographischen offene homoerotische Novelle veröffentlicht (*Der Tod in Venedig*, 1912), kontrastiert er seine Erklärung, er sei kein Jude und könne daher nicht wünschen, dass man ihn für einen halte, mit Betonungen der »Rassenmischung«, die er selber darstelle. Er tut es auch dort, wo kein Bartels ihn zu derartigen Erklärungen veranlasst hat. Die ethnische Zweideutigkeit, die

Novellenhelden wie Paolo Hofmann und Tonio Kröger schon im Namen tragen, macht er in Selbstdarstellungen offensiv als seine eigene kenntlich. Getreulich verzeichnen seine autobiographischen Notizen die für den rassistischen Diskurs durchaus anstößige (und von Bartels dann auch ausgiebig und misstrauisch erörterte) Herkunft seiner Mutter.[15] Selbst dort noch, wo er sich betont als ›Deutschen‹ darstellen will, findet sich diese Gegenstimme: »Ich bin nordisch gestimmt«, schreibt der Achtundzwanzigjährige für die Wiener *Zeit*, »bin es mit der ganzen Bewußtheit, die heute überall in Sachen der Nationalität und der Rasse herrscht« – um seine erläuternden Ausführungen dann allmählich in die spöttische Frage hinübergleiten zu lassen, ob man denn einen Schüler Fontanes und eines »französischen Ideals« der Romankunst überhaupt noch »für zweifel- und makellos deutsch erklären« dürfe (GKFA 14.1, 73). Und was eigentlich zwingt ihn, in einem Artikel anlässlich einer Denkmalsenthüllung sein »Gefühl tiefer Verwandtschaft« mit Theodor Fontane zu erklären als »vielleicht beruhend auf ähnlicher Rassenmischung«? (244) Die einen wie die anderen Texte erscheinen in unregelmäßigem Wechsel; keine Logik ideologischer oder argumentativer Wandlungen lässt sich in ihnen wahrnehmen, sondern nur die Ambivalenz der eigenen Stigmatisierungserfahrung. Beinahe in einem Atemzug mit der ängstlichen Verteidigung gegen den ›Verdacht‹ seiner antisemitischen Kritiker tut der Angegriffene alles, um sie in ihrem rassischen Argwohn zu bestätigen.

5. »der jüdische Geist, den Gott erhalte«

In mehreren der bisher angeführten Textbeispiele, von Schlemihl bis zu Lublinski, spielt noch eine weitere Kategorie eine Rolle. Nicht nur mit der Männerweiblichkeit ist das Judentum in Thomas Manns Essays bemerkenswert häufig korreliert,

sondern auch mit der *Literatur*. Aber »Literat« zu sein – kommt
das überhaupt als ein Stigma in Betracht, gar als eines, das auch
nur von ferne mit demjenigen als effeminierter Homosexueller
oder als »mauschelnder« Jude zu vergleichen wäre? Die scharfe
Abwehr von Lessings Angriffen auf Lublinski als Repräsentanten eines »espritjüdischen« »schreibenden Typus« scheint
jedenfalls in diese Richtung zu weisen. Eine vergleichende Lektüre der veröffentlichten Essays und unveröffentlichten Entwürfe zeigt, dass der Begriff »Literat« beim jungen Thomas
Mann tatsächlich – und im markanten Unterschied zur vergleichsweise unspezifischen »Künstler-Bürger-Problematik« –
im strikten Sinne eine Stigmatisierung bezeichnen kann, die
antisemitische Stereotypien immer schon einschließt. Zwischen »Literat« und »Jude«, heißt das, besteht also nicht mehr
nur eine Beziehung der *Analogie*, sondern auch eine diskursive
Schnittmenge.

Mit einem spezifischen »Literaten«-Stigma hantiert Thomas
Mann in seinem autobiographischen Essay *Im Spiegel* (1907)
scheinbar nur übermütig-spaßhaft, in seinem großartigen Porträt Frank Wedekinds (1914) todernst. Schon der Literat, als den
Thomas Mann sich selbst im Spiegel der öffentlichen Meinung
sieht, ist ja in der Tat »verstockt und voll liederlichen Hohns
über das Ganze, verhaßt bei den Lehrern der altehrwürdigen
Anstalt, […] und höchstens bei einigen Mitschülern auf Grund
irgendeiner schwer bestimmbaren Überlegenheit in ungewis-
sem Ansehen«; wahrhaftig müsste er »mit anderen verlorenen
Gesellen in einer Anarchistenkneipe« hocken und »in der Gosse
[liegen], wie mir's gebührte«. Denn er entspricht genau dem,
was Tonio Kröger die »Zigeuner im grünen Wagen« genannt
hatte – er ist, mit einem Wort, ein »in jedem Betrachte anrüchi-
ger Charlatan, der von der Gesellschaft nichts anderes sollte zu
gewärtigen haben – und im Grunde auch nichts anderes gewär-
tigt – als stille Verachtung.« (GKFA 14.1, 184) Nicht anders, nur

weniger komödiantisch in der Darstellung, erscheint der eben
dafür von seinem Porträtisten so bewunderte Frank Wedekind,
»dieser tiefe, gequälte Mensch« und sein Werk, »dieses tief deutsche, tief fragwürdige, von grenzenlos verschlagenem Geiste
schillernde Werk« (400, 406).

Von einer besonderen Verwandtschaft zwischen diesem Literatentum und dem Judentum ist hier nicht die Rede. Sie aber
hat Thomas Mann nachdrücklich in *Die Lösung der Judenfrage* behauptet. Das beginnt schon mit dem Vorsatz, die Rundfrage als
»Künstler und Schriftsteller« zu beantworten: »*en artiste*«. Und
er erklärt diese Verbindung in Sätzen, die an *Königliche Hoheit*
nicht nur anklingen, sondern fast wörtlich aus den Notizen zu
diesem Roman übernommen sind:

> Ein Künstler [...] wird geneigt sein, in allen denen seine Brü-
> der zu sehen, von welchen das Volk betonen zu müssen
> glaubt, daß es »schließlich – auch« Menschen sind. Um die-
> ser Verwandtschaft willen wird er sie lieben und ihnen allen
> den Stolz, die Liebe zu ihrem Schicksal wünschen, deren er
> selbst sich bewußt ist. (GKFA 14.1, 175; vgl. 4.2, 409)

»Amor fati«: Das ist Nietzsches Aristokraten-Formel, und es ist
nicht ohne kalkulierte Provokationskraft, wenn sie hier auf Juden und Künstler angewandt wird. Manchem Außenstehenden
war diese Bruderschaft denn auch ein Dorn im Auge; und unter
diesen war abermals Adolf Bartels einer der Lautstärksten. Thomas Mann empfinde, so war ab 1906 im auflagenstarken *Hand-
buch zur Geschichte der deutschen Literatur* zu lesen, »gewissermaßen
Freude am Verfall«, nehme (ausgerechnet) in *Buddenbrooks* »unbedingt für das jüdische Halbblut gegen die alte patrizische Familie Partei«, er stehe als einstiger Redakteur dieses Blattes ganz
»unter dem Einfluß des ›Simplicissimus‹-Geistes« und habe infolgedessen »uns Deutschen [...] im Grunde nichts zu bieten« –
denn der *Simplicissimus*, das verstehe sich, sei schlechterdings
»die reinste Inkarnation des Geistes des Judentums«.

Wie hier bei Bartels, so konnte im völkischen Diskurs um
1900 tatsächlich schon der Geist einer kritischen, ironischen
oder satirischen Literatur zum Nachweis dessen zureichen, was
Bartels im selben Text »jüdische Blutzumischung« nennt.
Trotz des offenkundigen Selbstwiderspruchs also spielt, wenn
es um Literatur geht, die biologische Herkunft eine nachran-
gige Rolle für die ›Rassen‹-Frage. Im Zweifel genügt zum Nachweis des Judentums schon das als ›jüdisch‹ bestimmte, kritische Literatentum selbst. Und »literarisch«, so lautet Bartels'
ceterum censeo im Fall Thomas Mann, »literarisch gehört er auf
alle Fälle zu den Juden«. Weshalb er, der doch auf seiner nicht-
jüdischen Abkunft zeitweise so heftig bestanden hat, in Bartels'
Literaturgeschichte denn auch weiterhin ausdrücklich in einer
Reihe steht mit Autoren wie Arthur Schnitzler oder Jakob Wassermann.

So schreibt kein Einzelgänger, sondern der führende und
höchst populäre Ideologe der zeitgenössischen völkischen Literaturkritik. Dass der wüste Theodor Lessing, aus nicht völki-
schem, sondern rationalitätskritisch-vitalistischem Eifer, Bartels' Denunziationen engagiert zuarbeitet und, wie zuvor und
auf andere Weise den Thomas-Mann-Verteidiger Samuel Lublinski, so auch Thomas Mann selbst als »Espritjuden« meint
entlarven zu müssen: Das verstärkt die Herausforderung, die
solche Zuordnungen für Thomas Manns öffentliche Selbstdarstellung bedeuten müssen.

Der derart ins jüdische Literatentum Eingeordnete reagiert
nun – beinahe könnte man sagen: erwartungsgemäß – in derselben ambivalenten Weise, wie er es zuvor in der *Gender*-Frage
getan hat: zugleich ängstlich und tapfer, schamhaft und stolz.
Schon der zweite Brief an die antisemitische *Staatsbürger-Zeitung*
(1912) etwa gerät, wenn es um vorgeblich ›jüdische‹ Züge seines
Werkes geht, aus dem Ton einer geradezu demonstrativ wer-
tungsfreien Richtigstellung in jene ideologische Schieflage, die

ungleich heftiger schon in Die Lösung der Judenfrage zu beobachten war:

> Wenn ich dem hie und da auftauchenden Irrtum von meiner
> jüdischen Abstammung ruhig und bestimmt widerspreche,
> so geschieht es, weil ich eine wirkliche Fälschung meines We-
> sens darin erblicke und weil, wenn ich als Jude gälte, meine
> ganze Produktion ein anderes, falsches Gesicht bekommen
> würde. Was wäre das Buch, das meinen Namen bekannt ge-
> macht hat, was wäre der Roman »Buddenbrooks«, wenn er
> von einem Juden herrührte? Ein Snob-Buch. (GKFA 14.1, 347)

Man kann darüber streiten, ob hier ein vorgefundenes Stereotyp und die daraus folgende Rezeptionshaltung nur beschrieben oder ob sie zustimmend vorausgesetzt werden – ein, vorsichtig gesagt, befremdlicher Beigeschmack bleibt. Dessen
Wirkung wird verstärkt durch die von Thomas Mann nicht ge-
wollte, aber für die Wirkungsgeschichte nicht unerhebliche re-
daktionelle Überschrift Thomas Manns Rassenbekenntnis und die
Platzierung seines Textes zwischen den Artikeln Der Kronprinz in
der Parsifalschutzfront! und Isidor Stinkeles Nobilitierung.

Derselbe Autor aber, der in solchen Wendungen zumindest
eine nur geringe Distanz zu antisemitischen wie zu Literaten-
Klischees erkennen lässt, setzt sich bei anderer Gelegenheit
vehement dagegen zu Wehr – auch dies in einer unauflöslich
doppelten Auseinandersetzung mit dem juden- und mit dem
literatenfeindlichen Stereotyp zugleich. Im selben Atemzug, in
dem er Lessings antisemitischen Angriffen auf Lublinski widerspricht, wirft er ihm vor:

> Er gehört zu jenem heute weitverbreiteten Schlage von Lite-
> raten, [...] denen [...] der Ehrenname des Literaten zum
> Schimpfwort geworden ist, das sie einander in den Journalen
> nachrufen und das keiner auf sich sitzen lassen will. (GKFA
> 14.1, 218)

Auch in anderen Essays der frühen Jahre hat Thomas Mann

allerhand Anstrengungen unternommen, um sein Konzept von Literatentum möglichst nah an das heranzurücken, was Bartels und Co. den »Geist des Judentums« nennen – und damit dem Gerücht seiner jüdischer Herkunft folgerichtig selbst immer neue Nahrung gegeben.

Bereits in seinem ersten vollständig erhaltenen Essay, der Polemik Heinrich Heine, der »Gute« von 1893, sind Literatentum und Judentum eng aufeinander bezogen. Heftig widerspricht der Achtzehnjährige dem apologetisch gemeinten Nachweis eines kulturprotestantischen Kritikers, »wir« hätten in Heine »einen Deutschen, der sein Vaterland heiß geliebt hat, und einen Protestanten«. Dieser Behauptung setzt er sein Bild »Harry Heines« entgegen. Schon die Namensform »Harry« markiert hier, im Gegensatz zum treudeutschen »Heinrich«, nicht nur die jüdische Herkunft Heines – sondern sie bestimmt auch sein Literatentum, in der doppelten Opposition zu Protestantismus und Patriotismus, als ein ›jüdisches‹. Und dieser jüdische »Harry« erst ist es, den Thomas Mann hier ausdrücklich »meinen Heine« nennt (GKFA 14.1, 21 – 23).

Das Thema bleibt auch an unerwarteten Publikationsorten virulent. Ausgerechnet in der von seinem Bruder herausgegebenen völkisch-antisemitischen Zeitschrift Das Zwanzigste Jahrhundert – in der er selbst eben noch, 1895, einen antisemitischen Weckruf des Ostmark-Dichters Theodor Hutter zumindest ohne Anzeichen einer Distanzierung zitiert hat – bekennt sich Thomas Mann 1896 nachdrücklich zu »des Kritikers Kunst, fremde Persönlichkeiten in sich aufzunehmen, in fremden Persönlichkeiten zu verschwinden, durch sie die Welt zu sehen«.[16] In dem Gegensatz, der hier zwischen »Kritiker« und »Künstler« etabliert wird, bereiten sich die späteren Begriffspaare von »Literat« und »Künstler«, »Geist und Kunst« schon vor. »Der Künstler«, erklärt der einundzwanzigjährige Thomas Mann 1896, »ist einseitig, wie jede starke Persönlichkeit; der Kritiker

ist vielseitig, eben weil er keine Persönlichkeit ist«. Für ihn
selbst ist es keine Frage, auf welche Seite der Dichotomie er sich
schlägt: auf die des Kritikers. Um aber keinen Zweifel daran zu
lassen, dass dies – gelesen in den Kategorien des Blattes, in dem
Thomas Mann das schrieb – die ›jüdische‹ Seite war, führt er als
Beispiel den angesehensten zeitgenössischen jüdischen Kritiker dieser Jahre an:

> Georg Brandes, als private Persönlichkeit betrachtet, ist ein
> ganz uninteressanter freisinniger Jude; aber er vermag, un-
> ter Umständen, sich selbst auszulöschen und Heine oder
> Mérimée oder Tieck oder ein Anderer zu *sein* – oder ihn zu
> *spielen*.

Was er hier über Brandes bemerkt (und ganz ähnlich über sich
selbst hätte bemerken können), nimmt das Modernitäts-Kon-
zept aus Nietzsches Wagner-Kritik wieder auf. Und es übersetzt diesen Gedanken ins Literaturkritische und – unter Zuhil-
fenahme von Stereotypen, wie Wagner selbst sie in *Das Judentum
in der Musik* resümiert hatte – ins Klischee ›jüdischen‹ Wesens:
Der »Kritiker« ist parasitär, weil wesenlos; nicht schöpferisch,
sondern imitierend; nicht aufbauend, sondern zersetzend;
und so fort. Im engeren Kontext des Essays dürfte außer Frage
stehen, dass Thomas Mann hier im Bild des jüdischen Literaten
auch sich selbst, dass er den *Literaten als ›Juden‹* zeigt – und zwar,
das antisemitische Stereotyp provokativ umkehrend, in affir-
mativer und identifikatorischer Perspektive.

Dabei scheint die Richtung des Identifikationsprozesses si-
gnifikant einsinnig. Thomas Mann identifiziert *sich mit* dem
»Kritiker« als der Verkörperung des Stereotyps vom jüdischen
Künstler. Dass das keineswegs auch umgekehrt gilt, zeigt die
Gegenprobe seiner Gelegenheitsarbeiten über befreundete
Schriftsteller, die tatsächlich jüdischer Abkunft sind. Weder in
seiner Besprechung von Georg Hirschfelds Roman *Der Kampf der
weißen und der roten Rose* (1912) noch in seiner Lobrede auf Bruno

Franks Gedichtzyklus *Requiem* (1913) ist von Judentum oder jüdischer Herkunft auch nur andeutend die Rede. Und im Ge-
burtstagsgruß an Arthur Schnitzler wird dem Beglückwünsch-
ten gerade – und unkommentiert – das nachgerühmt, was dem
Juden-Stereotyp genau entgegengesetzt ist: »der Persönlich-
keitszauber, der von Allem ausgeht, was er gebildet hat«. (GKFA
14.1, 336 f.)

Die Identifikation wird nun über weite Strecken beibehalten
– und zwar unabhängig von den Bewertungen, die sie jeweils
erfährt. Sie kann so emphatisch ausfallen wie das Porträt Max
Reinhardts 1909 [17] und so liebevoll-skeptisch wie das Porträt
des früh verstorbenen Schriftstellers Erich von Mendelssohn
(1913) in der von Thomas Mann verantworteten posthumen
Ausgabe des Romans *Nacht und Tag*. Auch Mendelssohn ist Literat, weil er Jude ist – und damit ein gesellschaftlicher Außenseiter. Das »persönliche Problem des jungen Mendelssohn« sei, so
Thomas Mann, »ein Problem des Blutes – seines halb jüdischen,
halb junkerlichen Blutes –« gewesen. Dieses aber sei es auch,
was »ihn wahrscheinlich zum Schriftsteller machte; denn nur
wo das Ich eine Aufgabe ist, hat es einen Sinn, zu schreiben«
(GKFA 14.1, 387 – 395). Dass diese Sentenz auch Thomas Manns
eigene Geschichte resümiert, von seiner Familien-Geschichte
bis hinein in die Niederschrift eben von Texten wie diesem
hier, bedarf keines Kommentars.

Wie solche Beispiele zeigen, entwickelt Thomas Mann sein
künstlerisches Selbst-Konzept aus genau jener Dichotomie heraus, die bei Bartels und seinen Spießgesellen die »jüdischen«
Literaten von »uns Deutschen« trennt. Von den diversen Formeln, mit deren Hilfe er die Dichotomie von der Not der Denunziation umzudeuten sucht in die Tugend der Selbstbehauptung – von diesen Formeln setzt sich die von *Geist und Kunst*
schließlich durch. Über rund fünf Jahre hinweg hat Thomas
Mann in seiner Mappe »Zum Litteraturessay« Material zu die-

sem Komplex gesammelt; erstaunlich vieles davon hat er dann
tatsächlich publiziert oder doch zur Publikation vorbereitet.[18]
»Geist und Kunst«: Das meint in diesen Notizen nicht nur den
Gegensatz von kritischem Literaten und naivem Künstlertum –
es heißt immer wieder auch: jüdischer Geist versus Deutsch-
tümelei.

»Eine gewisse Litteratur-Fremdheit, ja – Feindschaft ist den
Deutschen ohne Zweifel eingeboren, was niemand besser
spürt, als wer in München lebt«, heißt es in dem 1910 daraus
hervorgegangenen Essay [Die gesellschaftliche Stellung des Schriftstellers in Deutschland]. Denn, so Thomas Mann weiter:

> Hier ist es, wo der Litterat, dieser Künstler der Erkenntnis
> […] der scheuesten Befremdung, dem tiefsten Mißtrauen
> begegnet. In Berlin ist er ein wenig besser dran, weil Hellig-
> keit, Witz und jederlei Kulturstreben, vor Allem aber der jü-
> dische Geist, den Gott erhalte, ihm dort entgegenkommen.
> (GKFA 14.1, 225 f.)

Eine 1908 veröffentlichte Notiz über Heine schreibt die »tiefe Einsicht in den Gegensatz von Geist und Kunst« diesem jüdischen
Literaten zu, und sie mündet, abermals in Anspielung auf
Nietzsche, in den Ausruf: »welch eine denkmalswürdige Erscheinung dieser Künstlerjude unter den Deutschen gewesen!«
(GKFA 14.1, 187) Künstlerjude – für sich genommen, kann auch
dieses Wort anstößig klingen, und es hat denn auch zuweilen
Anstoß erweckt. Aber wieder scheint der Kontext keinen Zweifel daran zu lassen, dass Thomas Mann sich dem »Künstler-
juden« in beiden Hinsichten verwandt fühlt – so stolz und so
stigmatisiert wie »mein Heine«.

6. »dieser Ekel vor dem, was man ist«

Von einer buchstäblichen *Stigmatisierung* des »Literaten« ist bereits 1910 die Rede, gleichzeitig mit dem Beitrag zur »Judenfrage«: zunächst im Essay *Zur gesellschaftlichen Situation des Schriftstellers*, dann in den Entwürfen zum großen, ausdrücklich als
Ersatz für das gescheiterte *Geist und Kunst*-Vorhaben veröffentlichten Essay *Der Literat*. »Das Wort ›Litterat‹«, schreibt er, sei
»heute [...] zu einem Schimpfwort geworden [...], gefürchteter,
brandmarkender, als ›Stümper‹, ›Hohlkopf‹ und ›Langfinger‹.«
(GKFA 14.1, 226) Das Bild von der Brandmarkung wird im ersten
Entwurf zum 1913 in Hermann Hesses Zeitschrift *März* erschienenen, später in den *Betrachtungen eines Unpolitischen* dann selbst-
kritisch widerrufenen Essay *Der Literat* aufgenommen und aus-
geweitet. Und es wird dabei um eine entscheidende Passage
erweitert. »Welches«, fragt Thomas Mann,

> Welches ist das tötlichste [!] Schimpfwort, heute gefürchte-
> ter und eine ärgere Brandmarkung, als Stümper, Hohlkopf
> und Langfinger? – »Litterat!« – Wer hat es erfunden? – Wir
> Litteraten. – Wen nennen wir so? – Unsselbst, uns, unter ein-
> ander.

Und dann spricht er von der »Unsitte« der Literaten,

> sich überall die Miene zu geben, als gehörten sie keineswegs
> dazu, – *völlig nach Art jener antisemitischen Juden*, die zwar eben-
> falls Juden, aber doch irgendwie nicht in dem Sinn, wie die
> anderen, sind – *oder nach der unserer antifeministischen Weiber*, die
> in der Frauenfrage Entscheidungen von der amüsantesten
> Rückschrittlichkeit treffen, unverhohlen ihre Geschlechts-
> genossinnen zu den Tieren verweisen und immer nur für
> ihre Person, eben auf Grund dieses überlegenen Urteils, eine
> Sonderstellung beanspruchen ... Seltsame Untreue! Selt-
> same Unsicherheit des Ichs – dieser Ekel vor dem, was man
> ist! Er allein ist schuld, daß zur Schmähung entarten

konnte, was ursprünglich ein neutrales Kennwort nicht nur, nein, ein Ehrentitel und Ordenszeichen war und für Viele heute noch ist. (GKFA 14.2, 502; meine Hervorhebungen) Schmähung und Ehrentitel, Ordenszeichen der Auserwählten und Ekel: was Juden, Frauen und Literaten in Thomas Manns Werk verbindet, was Thomas Mann als ›undeutschen‹ Literaten und als mannweiblichen Vertreter eines »weiblichen Kunst- und Kulturideals« mit den Juden verbindet, das ist diese konstitutive *Ambivalenz*. Dass sie unter dem Zeichen des Stigmas und des Stigma-Managements tatsächlich eine Trias bilden, das hat er in einem Satz formuliert, den er aus der gerade zitierten Passage dann doch lieber wieder gestrichen hat und der in der *Großen kommentierten Frankfurter Ausgabe* erstmals publiziert ist:

> Ja, der Ekel vor dem, was man ist, diese Untreue und seltsame Unsicherheit des Ichs scheint in der That die gemeinsame Eigenschaft der Juden, Frauen und Litteraten zu sein. (502)

Immer von neuem hat der junge Thomas Mann diesen Ekel artikuliert, und immer wieder hat er ihm widersprochen. Wie dem *Luischen* die Proklamation des *Ewig-Weiblichen* entgegentrat, so widerspricht diesem ersten Entwurf des *Literaten* der zweite, der in emphatisch-experimenteller Rollenprosa alle stigmatisierenden Vorwürfe in Vorzüge umdeutet, der kampfeslustig und in demonstrativer Verve gegen alle deutschnationale Borniertheit und reaktionäre »Künstler«-Verehrung das Lob des »Zivilisationsliteraten« singt. Aber wie nach Toni Schwabe und Gabriele Reuter das gequälte Luischen zurückkehrt, so wird auch der Zivilisationsliterat nach dem Vorbild wieder zum Schreckbild werden, mit einer Gewaltsamkeit, als sei nichts geschehen. Und die Juden, die als »Tschandalas« von außen und als Brüder identifikatorisch gesehenen? Liest man vor dem Hintergrund der hier bislang erörterten, im Laufe von rund zwanzig Jahren entstandenen Texte noch einmal die

zwielichtige Meisternovelle *Wälsungenblut*, dann zeigt sich in
vielleicht noch schärferen Konturen als sonst die fundamentale
Ambivalenz dieses Textes zwischen antisemitischer Aggression
und Identifikation.

7. Das Brandmal Siegmunds und Sieglinds

Sofern Siegmund und Sieglind »dieselbe ein wenig niederge-
drückte Nase« tragen und Siegmund es nicht verhindern kann,
dass »die Merkzeichen seiner Art sehr scharf auf seinem Gesichte hervortraten«, sieht man ihnen die Abkunft von einem
»im Osten an entlegener Stätte« geborenen Vater und einer in
ihrer Redeweise[19] ebendiese Herkunft peinlich verratenden
Mutter auf den ersten antisemitischen Blick an. Und ihre
»scharf« gehende, im Wortsinne ›zersetzende‹ Redeweise
scheint diese Zu- und Einordnung ebenso zu bestätigen wie die
geschlechtliche Perversion des Inzestes und die so dekadente
wie unerfüllbare »süße Drangsal« nach »Erlebnis« und »Werk«
beim Anhören einer Wagner'schen Kunst, die für diese anschei-
nend idealtypischen Repräsentanten eines *Judentums in der Musik*
nur zu rezipieren, nie aber produktiv anzuverwandeln ist.

Sofern aber dieselben Protagonisten eine bis ins Extrem ge-
steigerte Sensitivität besitzen, die sie vor aller bürgerlichen
Durchschnittlichkeit auszeichnet und über diese erhebt, sofern sie und sie allein das Außenseitertum der Wagner'schen
Bühnenhelden nicht nur im Geiste, sondern leibhaftig und gewissermaßen adäquat und gleichberechtigt nacherleben,[20] sofern ihre »scharfe Zunge« nur »scheinbar im Angriff und doch
vielleicht nur aus eingeborener Abwehr« (GKFA 2.1, 432) – also
als Gegenwehr aus einer generationenalten Erfahrung des An-
gegriffenseins heraus – so scharf ist, erscheinen sie als Repräsentanten ebenjener geistesverwandten »Brüder« des Literaten,
von denen Thomas Manns Essay sprach. Im einen Fall, in der

ersten Perspektive, ist der arme, biedere und verspottete Beckerath das hilflose Opfer jüdischer Zersetzung und Frechheit. Im
zweiten Fall, in der entgegengesetzten Perspektive, bleibt er gegenüber den ihm heillos überlegenen jüdischen Intellektuellen und intellektuellen Juden ein törichter Tölpel.

Was eigentlich steuert diese Darstellung: Verachtung oder
Sympathie? Bekräftigt sie die Assimilationsforderung, wie
Thomas Mann sie in *Die Lösung der Judenfrage* formuliert hatte,
oder die Assimilationsverweigerung, zu deren vehementem
Fürsprecher er sich, gegen manche »antisemitischen Juden«
und mit der trotzigen Maxime »Man muß wissen, was man ist«,
in *Gabriele Reuter* gemacht hatte? Die Antwort auf diese immer
wiederkehrenden und mit gutem Grund nicht zu beruhigen-
den Leserfragen bleibt unbefriedigend: Was immer sich zwischen den Essays als Ambivalenz der (Selbst-)Reflexion abzeichnet, das wird in dieser Erzählung *als unauflösliche Ambivalenz*
inszeniert.

Und das ist, wenn man will, auch autobiographisch zu lesen.
Nicht ganz so offenkundig, wie Beckeraths peinliche Demüti-
gungen im Aarenhold'schen Haus sich auf die Erlebnisse des
jungen Thomas Mann im Hause Pringsheim beziehen lassen –
und mit der Folge des öffentlichen Skandals, des Publikations-
verbots und einer Familienkrise darauf bezogen worden sind –,
trägt auch das Doppelporträt der jüdischen, wagnerianischen
Zwillinge markant autobiographische Züge. Beckeraths De-
mütigung ist Thomas Manns eigene, gewiss. Aber die Stigmatisierungserfahrung, der Erwähltheitsstolz und die Abwehr-
reaktionen der Aarenhold-Zwillinge sind es nicht minder. Bis
hinein in das Bedürfnis nach sorgfältigster Kleidung und
Toilette, den Zigarettenverbrauch, die Neigung zum erlesenen
Müßiggang und die Bevorzugung eines »zu bequemer Stunde
stattfindendenden Kollegs« zeigt die Darstellung des sexuell
devianten Wagnerianers Siegmund Aarenhold weniger das Por-

trät Klaus Pringsheims als vielmehr dasjenige des jungen, sexuell devianten Wagnerianers Thomas Mann selbst.[21] (So wie in
Königliche Hoheit die Figur Albrechts II. zwar äußerlich die Züge
Heinrich Manns, in seiner Charakterisierung aber diejenigen
des sich auch in dieser Figur abermals züchtigenden Bruders
selbst zeigen wird.) Denn allerdings: »Er gerade, er mußte un-
angreifbar und ohne Tadel an seinem Äußeren sein vom Kopf
bis zu Füßen ...« (GKFA 2.1, 443) Selbsthass und Selbstverteidi-
gung, internalisierte Aggression und Gegenwehr: Sie artikulie-
ren sich hier als Spannung zwischen einem objektbezogen-
aggressiven Antisemitismus und einem subjektbezogenen
Leiden eben *an* diesem Antisemitismus.

In der Erzählung bleibt – auch dank gegenläufigen Bewegungen von Sympathiesteuerung und Erzählperspektive – die
Spannung zwischen beiden Deutungsmöglichkeiten unaufge-
löst. Das bestätigt sich, wenn man die Motiv-Fäden verfolgt,
die von diesem Text in andere Erzählungen und essayistische,
ausdrücklich autobiographische Texte des Autors über Juden,
Literaten und andere Stigmatisierte führen.

Fast wortgleich wie in der Othello-Paraphrase etwa stehen
auch hier die »dunkle Herkunft« der Außenseiter und »die
blonden Bürger des Landes« zueinander im Gegensatz, und es
scheint sehr fraglich, ob die Sympathie eigentlich den Letzteren
gehört. Wie in der grausamen (Selbst-)Karikatur des Literaten
in der Gestalt Spinells, so gehen auch hier künstlerische Sensitivität und Mangel an vitaler Produktivität Hand in Hand –
und transformieren die unablässigen Klagen des nach *Buddenbrooks* und erst recht nach seiner ehelichen Verbürgerlichung
richtungs- und ratlosen Thomas Mann ebenso präzise in die erzählerische Fiktion wie dessen Literatentraum vom treffenden
Wort. Mit denselben Wendungen nämlich, in denen die ›jüdische‹ Redeweise der Zwillinge glossiert wird, beschreibt der
Autor andernorts sein eigenes Stilideal: »ein tötlich [!] bezeich-

nendes [Wort], das schwirrte, traf und bebend im Schwarzen saß ...«[22] (439)

Wie der so liebevolle und so grausam entwürdigte Christian Jacoby in Luischen, so empfindet sich auch Vater Aarenhold, und zwar »nicht ohne Schuldbewußtsein«, als einen Menschen, der »ein Wurm gewesen, eine Laus, jawohl; aber eben die Fähigkeit, dies so inbrünstig und selbstverachtungsvoll zu empfinden, war zur Ursache jenes zähen und niemals genügsamen Strebens geworden, das ihn groß gemacht hatte ...« (434) – und ebendies verbindet auch ihn dann wieder, abermals fast wörtlich, mit Thomas Manns Version des tragisch-leidenden Othello. Der, man erinnert sich, war ja »unvornehm als Leidender, einsam, ausgeschlossen vom Glücke, von der Bummelei des Glücks und ganz und gar auf die Leistung gestellt. Gute Bedingungen, das alles, um die ›Lieblinge‹ zu überflügeln, welche die Leistung nicht nötig haben; gute Bedingungen zur Größe.«

Die eine Grunderfahrung, die all dies zusammenhält, in der auch und gerade die einander widersprechenden, ja ausschließenden Bewertungen konvergieren und aus der sie immer wieder hervorgehen – sie wird in jenem Begriff resümiert, der in Wälsungenblut dem wirklichen (also gespielten), dem Wagner'schen Siegmund in den Mund gelegt ist und der auch hier ganz autobiographisch-bekenntnishaft gelesen werden darf:

Und dann sang Siegmund das Schmerzlichste: seinen Drang zu den Menschen, seine Sehnsucht und seine unendliche Einsamkeit. Um Männer und Frauen, sang er, um Freundschaft und Liebe habe er geworben und sei doch immer zurückgestoßen worden. Ein Fluch habe auf ihm gelegen, das Brandmal seiner seltsamen Herkunft habe ihn immer gezeichnet. Seine Sprache sei nicht die der anderen gewesen und ihre nicht seine. [...] Verachtung und Haß und Schmähung sei ihm im Nacken gewesen, weil er von fremder, von hoff-

nungslos anderer Art, als die anderen ... (GKFA 2.1, 451;
meine Hervorhebungen)

So gezeichnet vom Brandmal, dessen buchstäbliche Einschreibung in den Körper den Einen aus den vielen aussondert, sind
Siegmund und Sieglind, Spinell und Jacoby, Lessing und Lublinski, Toni Schwabe und Esther Franzenius, Harry Heine
und Thomas Mann.

»Juden, Frauen und Litteraten« – die triadische Formel resümiert die drei Bereiche, in denen Thomas Mann sich in seinem
Frühwerk selbst als stigmatisiert darstellt und in deren essayistische und erzählerische Darstellungen er, umgekehrt gelesen,
die eigene Stigmatisierungserfahrung transponiert. Wo immer
er einen dieser Begriffe verwendet, ist deshalb mit autobiographischen Unter- und Obertönen zu rechnen und mit den Ambivalenzen der Selbstwahrnehmung. Mehr noch: Oft scheinen
die drei Begriffe für diesen Autor derart eng miteinander verflochten, dass die Nennung eines von ihnen die beiden anderen
als Konnotationsfeld aufruft, ja dass unter Umständen sogar
einer für den anderen eintreten kann. Thomas Manns Stigma-
Management versucht in allen drei Bereichen aus der Not eine
Tugend zu machen, und es unterliegt doch immer derselben
Ambivalenz von Selbstbehauptung und »Ekel vor dem, was
man ist«. Es ist diese dreifache Grundspannung, aus der sein Lebenswerk erwächst.

Als Philo- oder Antisemit also präsentiert sich der Schriftsteller Thomas Mann in seinem Frühwerk – zuspitzend gesagt
– genau so weit, wie er sich brüstet oder schämt, wie er sich
selbst liebt oder verachtet (oder: sich als geliebt oder verachtet
erfährt). Von seiner eigenen Außenseitererfahrung aus deutet
und erschließt er sich diejenige der als Außenseiter stigmatisierten Juden.

Er erschließt sie sich, so muss wohl sogleich hinzugefügt
werden, auch nur von dieser aus. Die im Wortsinne egozentri-

sche, die unvermeidlich immer partielle Identifikation aber erschwert es ihm zumindest, dorthin vorzudringen (und lässt lange keine Neugier auf neue Wege dorthin erkennen), wo das auch von ihm aus gesehen Andere der Anderen beginnt. Mit den Grenzen seines eigenen Identifikationspotentials sind im Frühwerk vorerst auch die seiner Einfühlungsfähigkeit, vielleicht diejenigen seines Interesses erreicht. Bis zu dieser Grenze aber könnte man am Ende beinahe versucht sein, Adolf Bartels – *horribile dictu* – ein einziges Mal doch Recht zu geben: »literarisch gehört er auf alle Fälle zu den Juden.« In *Königliche Hoheit* wird Thomas Mann aus dieser sonderbaren Zugehörigkeit die umfangreichsten und künstlerisch komplexesten Konsequenzen ziehen.

Viertes Kapitel
Der Fürst der Außenseiter

1. »Der biographische Gesichtspunkt«

In einem Selbstkommentar, den Thomas Mann – ein Menschenalter nach der Erstveröffentlichung des Romans *Königliche Hoheit* – im Vorwort der amerikanischen Übersetzung erscheinen ließ, ist zu lesen:

> Überhaupt, meine ich, sollte alle Kritik biographisch sein. Das Biographische ist das eigentlich humane Element der Kritik; und gerade der Kritiker von »Königliche Hoheit« wird den biographischen Gesichtspunkt kaum entbehren können. Der Roman ist das Werk eines jungen Ehemannes, und, ganz bestimmt von dem persönlichen Erlebnis menschlicher Lebensgründung, umspielt er das Vorzugsthema meiner Jugend, das Künstlerthema von Einsamkeit und Außerordentlichkeit, den Tonio Kröger-Gegensatz von Kunst und Leben in dem Geiste heiterer Versöhnung von Strenge und Glück. (GW XI, 574 f.)

Diese Sätze bilden, in der sicheren Distanz von dreißig Jahren, das autobiographisch unverstellte Korrelat zu Thomas Manns Othello-Adaption von 1907. Wie jene aber ist sie in einem schwerlich zu überschätzendem Grad *poetologisch* zu lesen. Nicht auf das Bekenntnishafte des Romans allein zielt die Passage, sondern mehr noch auf die Romantauglichkeit und Romanhaftigkeit der Bekenntnisse: auf die *Verschränkung von Fiktion und Autobiographie* als konstitutives Merkmal gerade dieses Buches. Der junge Ehemann, der seinen entstehenden Roman »ganz bestimmt« sieht vom persönlichen Erlebnis, hat dieses Erlebnis schon währenddessen als Erfahrungsgrundlage und Stofflieferant für sein ins Stocken gekommenes Projekt verstanden und, man kann es nicht anders sagen, benutzt. Wie auf dem Höhepunkt der beglückenden und gequälten Beziehung zu Paul Ehrenberg um 1903 die intimen Notizen und ihre Fiktionalisierung nicht nur auf einer einzigen Seite, sondern nicht selten in einem einzigen Satz ineinander übergehen, so setzt mit der Beziehung zu Katia Pringsheim eine Ausbeutung des eigenen (und nicht nur des eigenen) Lebensmaterials ein, die mit dem wenig später in Bilse und ich formulierten Programm[1] konsequent Ernst macht und sich um Intimitätsgrenzen und Rücksichten nicht schert. Es ist symptomatisch für dieses Kalkül inmitten der Herzensverwirrungen, dass von der gesamten Verlobungskorrespondenz tatsächlich nur die für das Romanvorhaben sogleich zweckmäßig ausgewählten und abgeschriebenen, wenn nicht schon im Blick auf es geschriebenen Passagen der Brautbriefe der Nachwelt erhalten geblieben sind (und auch dies nicht durch Zufall, sondern in einer vom Verfasser dafür angelegten und archivierten Mappe mit der Aufschrift »Briefe an Katja« im umfangreichen, der Nachwelt sorgsam testamentierten Konvolut der Roman-Materialien). Der entsprechende Briefband der Großen kommentierten Frankfurter Ausgabe muss sich also für diese so einschneidende Lebensphase Thomas Manns an eine Textgrundlage halten, die dieser selbst schon ganz in den Herrschaftsbereich der Fiktion überführt hatte. Selten hat das Wort »Auto-Bio-Graphie« eine so wörtliche Bedeutung erlangt wie in dieser Lebens-Poetik.

Schon seit 1903, der Entstehungszeit von Tonio Kröger und Das Ewig-Weibliche, hatte sich das Vorhaben allmählich aus einem Konvolut teils konkurrierender, teils sich überschneidender Pläne herausgeschält. Zugleich soll der so allmählich entstehende Roman all jene autobiographischen Wandlungen in sich aufnehmen und verarbeiten, die sich in dieser Lebensphase des Autors mit einer Intensität und Geschwindigkeit vollzogen wie vielleicht nie wieder in seinem Leben. Da sind die Grunderfahrungen der Isolation gegenüber der Familie wie gegenüber den Mitschülern; da ist das ›Versagen‹ gegenüber den ›dynastischen‹ Forderungen der Familientradition und dann der überraschende Erfolg des *Buddenbrooks*-Romans, mit dem der Outcast unverhofft zu Starruhm gelangt; da sind die rasch wachsenden öffentlichen Repräsentationspflichten des plötzlich Berühmten und, im Gegenzug, die weltanschaulichen, politischen und künstlerischen Rollenspiele, in denen er sich fortwährend selbst versucht – ausdrücklich hat er ja bekannt, dass seine Essays dieser Jahre »Versuche« im doppelten Wortsinne seien. Und da sind die erotischen Konflikte, deren Entzückungen und Qualen sich immer wieder in eigentümlicher Weise mit anderen Beziehungsschwierigkeiten verflechten: die engen geschwisterlichen Bindungen zur Schwester Julia und die Nähe und Rivalität zum Bruder Heinrich; die jahrelange Liebe zu Paul Ehrenberg, der Thomas Mann dann schweren Herzens entsagt. Und da ist dann die an ihre Stelle tretende – oder gesetzte – Verbindung mit Katia Pringsheim – und damit nicht nur Thomas Manns jahrelang quälende Frage danach, ob er zum Ehemann und Familienvater überhaupt tauge, sondern auch die Konfrontation des Senatorensohns mit der neuen gesellschaftlichen Welt des großbürgerlichen Münchner Hauses und die Konfrontation des Lübeckers, der sich immer wieder als eine »Blutsmischung« darstellt, mit einer jüdischen Familie. Noch am 8. Februar 1903 hat Thomas Mann einen Brief an Carl und Paul Ehrenberg als »Euer Tonio Kröger« unterschrieben (Br. III, 468).[2] Wenige Monate später wird sich mit seinen ersten Besuchen im Hause Pringsheim eine Wende in diesem Selbstverständnis vollziehen – und in den damit verbundenen Rollenentwürfen, bis hin zum Othello von 1907.

Schon in einem drei Monate nach der Verlobung, am 23. Dezember 1904 geschriebenen Brief an Heinrich werden »Strenge« und »Glück« in einer Weise verbunden, die von der Maxime des künftigen Romanschlusses schon etwas ahnen lässt:

Nie habe ich das Glück für etwas Leichtes und Heiteres ge-
halten, sondern stets für etwas so Ernstes, Schweres und
Strenges wie das Leben selbst – und vielleicht *meine* ich das
Leben selbst. [...] ich habe mich ihm *unterzogen*: aus einer Art
Pflichtgefühl, einer Art von Moral, einem mir eingeborenen
Imperativ [...]. (GKFA 21, 311)

Die fortwährende Angst davor, durch homosexuelle Veranla-
gung doch zu einem unüberwindlichen Außenseiterdasein geboren zu sein, wird damit nicht verschwinden. Die Folge dieser
immerzu wachsenden und sich wandelnden Anforderungen,
die Thomas Mann selbst an seine geplante Erzählung stellte,
sind divergierende Konzeptionen, deren Wandlungen mit denen der Lebens-Geschichte eng verflochten sind – mit dem
Hochzeitsjahr 1905 als der auffälligsten Zäsur.

Im Mittelpunkt also habe, schreibt er im Rückblick, auch
hier das »Vorzugsthema meiner Jugend« gestanden, »das
Künstlerthema von Einsamkeit und Außerordentlichkeit«. Das
schon 1939 arg strapazierte Wort »Künstlerthema« aber ver-
deckt hier noch immer, oder schon wieder, worum es doch
offenkundig geht. »Außerordentlichkeit«: dies erst ist das zentrale Wort, der Dreh- und Angelpunkt der Stigmatisierungsdarstellungen und Größenphantasien, deren Komplexität nach
und nach aus der geplanten Novelle einen Roman machen
wird. Was es resümiert, ist die Doppelgesichtigkeit von Aus-
der-Ordnung-Fallen des Einen gegenüber allen anderen (der
»dunklen Ausnahme« gegenüber den »Regelrechten«) – und
seiner Erwählung *vor* ihnen allen. Bezeichnenderweise entwickelt sich die Prinzengeschichte da im Schnittpunkt zweier
konkurrierender Unternehmen: einerseits der späteren *Bekenntnisse des Hochstaplers Felix Krull*, andererseits der lange verfolgten und erst zögernd aufgegebenen Pläne zu einem Roman
um Friedrich den Großen. Soziale Niedrigkeit und aristokratische Höhe, Kriminalität und Königtum – die zwei Ausdrucks-

formen der »Außerordentlichkeit« erscheinen hier jeweils ins
Extrem gesteigert. Herman Bang hatte für dieselbe Grundidee
den ambivalenten Begriff des »Exzentrischen« gebraucht. In
den Exzentrischen Novellen, deren deutsche Übersetzung Thomas
Mann schon Ende 1904 besaß und die zu den unmittelbaren
Quellen für seinen Roman gehören, bezeichnet dieses Wort
gleichermaßen die Existenz von Kellnern und Königinnen,
auch hier sind die Figuren durch nichts verbunden als durch
ihre Einsamkeit und ihr Außenseitertum.[3] Daran wird Thomas
Mann in Königliche Hoheit anknüpfen. Denn dieser Roman der
»Einsamkeit und Außerordentlichkeit« zieht in einer Konsequenz, die in seinem Gesamtwerk einzig bleiben wird, die
Summe seiner Stigmatisierungsdarstellungen, öffnet sie weit
über alle autobiographische Selbstbezüglichkeit hinaus ins Soziale und, auch dies, ins Politische – und arbeitet sich ab am
Versuch einer Lösung, wenn nicht gar einer Erlösung.

2. Königliche Hoheit

Fürst Albrecht II., kalt und vornehm und der leeren Repräsentation überdrüssig, überlässt (nach einer hier zu übergehenden
Vorgeschichte) den Thron seines namenlosen Duodez-Fürs-
tentums seinem jüngeren Bruder, dessen schmucke Erscheinung allein durch die angeborene Verkrüppelung seines linken
Arms beeinträchtigt wird: den Makel, der lebenslang möglichst verborgen bleiben soll. So wird »KH«, Klaus Heinrich, zu
»KH«, der Königlichen Hoheit. Den »hohen Beruf« übt er vor-
bildlich aus, als höchster Schauspieler seines Landes – in seiner
inneren Vereinsamung noch bestärkt und ermutigt durch seinen Hauslehrer Raoul Überbein. Schon dieser Nachname spielt
ironisch auf das Konzept des Übermenschen an, nach dem er
den jungen Prinzen erziehen will; nicht zu dessen, auch nicht
zu seinem eigenen Glück. Den einzigen Ausbruchsversuch in

die erlösende Gemeinschaft mit Gleichberechtigten bezahlt
der Prinz bitter: Beim Fest im sinnfällig so genannten »Bürger-
garten« wird er von gehässigen Gleichaltrigen betrunken gemacht und erniedrigt. Fortan bewahrt er, komme was da wolle,
Haltung. Auch dieser vorbildliche Fürst aber kann nichts an
der ökonomischen und finanziellen Dauerkrise ändern, die
sich einem romantischen Festhalten an kostspieligen fürstlichen Traditionen verdankt. Allein der kleine Badebetrieb um
die Ditlindenquelle wirft noch etwas Gewinn ab. Unter den
ausländischen Badegästen aber ist eines Tages der legendäre
amerikanische Milliardär Samuel Spoelmann, der sich auf seine
alten Tage in die deutsche Heimat seiner Vorfahren zurück-
zuziehen gedenkt. Zwischen seiner kühlen und kapriziösen
Tochter Imma, einer ihrerseits vereinsamten Prinzessin des Kapitalismus, und Klaus Heinrich entspinnt sich sehr allmählich
eine Liebesgeschichte, in der dem Prinzen die Lebensfeindlich-
keit all seiner aristokratischen Repräsentationskunst schmerz-
lich zum Bewusstsein gebracht wird. Erst als er, Immas Beispiel
folgend, ernsthafte Anteilnahme am Schicksal wirklicher Menschen entwickeln gelernt hat – Immas gräflicher Hausdame
ebenso wie der Kinder im Armenspital – und als er sogar aus seinem fürstlichen Elfenbeinturm herabsteigt, um mit Imma gemeinsam Studien in Volkswirtschaft zu betreiben: Erst da gewinnt er sie und gewinnt sie ihn. Gemeinsam gelingt ihnen die
schwierige Balance von Vornehmheit und Repräsentation, sozialer Verantwortung und privaten Sehnsüchten. Sie kulminiert in der abschließenden Märchenhochzeit, die allein durch
die Nachricht vom Freitod des Hauslehrers Überbein jäh ge-
trübt wird – und so steht am Ende der Entschluss zu einem
künftigen »strengen Glück«.

Das literaturwissenschaftliche Urteil über Thomas Manns
zweiten Roman pflegt auch bei den wohlwollendsten Kennern
seines Werks bestenfalls nachsichtig auszufallen. Dass *König-*

liche Hoheit im Grunde »doch nur Operettengewicht hat«, ist beim besten Willen alles, was dem Thomas-Mann-Artikel in Walter Killys *Literatur-Lexikon* zu diesem Buch einfällt. In einem bei Reclam erschienenen und facettenreichen Sammelband mit Interpretationen zu Thomas Manns Romanen und Erzählungen kommt *Königliche Hoheit* gar nicht erst vor (ein Schicksal, das er hier mit dem *Erwählten* teilt). Eine 2001 erschienene Einführung in Thomas Manns Romane für den Universitätsunterricht lässt auf knapp vierzig Seiten über *Buddenbrooks* fünfeinhalb über *Königliche Hoheit* folgen; auch von diesen allerdings behandeln nur dreieinhalb den Roman selbst, und auch hier erscheint er als ästhetisch wie politisch gleichermaßen peinlich. Erwähnenswert ist er allein als ein vorübergehendes »Ausgleiten ins Triviale«, in den »Kitsch des plot« – der im Übrigen auch für Thomas Mann selbst ja lediglich ein etwas lang geratenes Intermezzo gewesen sei. Nur gut zweieinhalb Jahre habe er darauf verwendet: »Arbeitsbeginn wohl erst im Sommer 1906«, notiert das Lehrbuch, »Abschluß des Manuskripts am 13. 2. 1909«. So, in der Tat, ergibt es sich aus manchen bis dahin veröffentlichten Kommentaren Thomas Manns selbst; altbekannt, *communis opinio*.[4]

»Ich werde, scheint es, einmal der Mann der drei Romane sein«, konstatiert Thomas Mann ahnungsvoll im Vorwort zur amerikanischen Neuübersetzung von *Königliche Hoheit* 1939, anspielend auf *Buddenbrooks*, den *Zauberberg* und die *Josephs-Romane*. Und er fügt seufzend hinzu: »Ein vierter ist da, weniger breitspurig auftretend, weniger episch als jene: die Prinzengeschichte hier.« Sie habe lange ein »vernachlässigtes Dasein« geführt. »Zuweilen war es mir leid um sie.« Die Einwände, an die er dann erinnert, sind so alt wie der Roman selbst: »Er wurde, als er erschien, absolut und relativ zu leicht befunden: zu leicht im Sinne der Ansprüche, die man in Deutschland an den Ernst und das Schwergewicht eines Buches stellt, zu leicht selbst in

Hinsicht auf den Verfasser.« (GW XI, 572–577) Kaum jemand habe den Eigenwert der Prinzengeschichte erkannt. Bis zu seinem Tode ist diese Klage, wann immer er auf die Rezeption seines zweiten Romans zu sprechen kam, nicht verstummt.

Die Gewissheiten der Kritik bis heute – diejenigen der Fakten wie diejenigen der Urteile – stehen in einem eigentümlichen Widerspruch zur Hochschätzung gerade dieses Romans durch Thomas Mann selbst. Sie stehen im Widerspruch auch zu der jahrzehntelang andauernden Enttäuschung über eine Rezeption, die ihm in ihrer Einmütigkeit als ein großes (wenngleich nicht ganz unverschuldetes) Missverständnis erschien – und notabene auch zur zeitgenössischen Rezeption, die mit der Erregtheit ihrer literarischen und politischen Debatten, mit Rang und Namen der daran in vorderster Reihe beteiligten Kritiker und Schriftsteller und überhaupt mit der Anerkennung, die der Roman zumindest von einigen namhaften Rezensenten erfuhr, eigentlich nicht nur Anlass zur Enttäuschung gegeben hätte.

Als »tragische Komödie von der repräsentativen Einsamkeit« las ein erschütterter Ernst Bertram den Roman, als Parabel »einer leergewordenen, nur noch repräsentierend symbolischen Macht« (GKFA 4.2, 176). Nachdem im Vorwärts und anderen sozialdemokratischen Periodika die politische Frechheit des Buches gelobt worden war, rühmte Hermann Bahr es als Wetterleuchten einer neuen Ära. Und selbst Josef Hofmillers von Thomas Mann bitter zitiertes Votum, er habe den Roman »gewogen und zu leicht befunden«, relativiert im ursprünglichen Kontext lediglich die »Bewunderung dieses geistreichsten, nur allzu geistreichen unserer neuesten Romane« (185 f.). Zögernd erst setzen sich die Stimmen der Gegner durch, und es beginnt der allmähliche Abstieg des Buches zum trivialen Operettenkitsch, der infolgedessen von der Thomas-Mann-Forschung kaum gelesen und gar nicht mehr für voll genommen worden ist.

Vor allem aber war *Königliche Hoheit*, auch dies von Beginn an, einer der großen Publikumserfolge in Thomas Manns literarischer Laufbahn; sofern er sich in Verkaufszahlen messen lässt, war er geradezu überwältigend. Im Oktober 1909 war das lang erwartete Buch des durch *Buddenbrooks* zu Weltruhm gelangten Autors erschienen; zwei Wochen später bekundet Thomas Mann gegenüber Samuel Fischer seine Begeisterung über das Erscheinen der zweiten Auflage: »Ich bin ganz aufgeregt vor Vergnügen. In 14 Tagen: Das ist mehr, als ich erwartet hatte. Möge es so weiter gehen.« (GKFA 4.2, 157) Es ging so weiter. Noch bis Ende dieses Jahres erschienen neun weitere Auflagen, 1910 dann weitere fünfzehn und 1911 noch einmal fünf. Hatte *Buddenbrooks* noch zehn Jahre gebraucht, um es bis zur 60. Auflage zu bringen, so lag *Königliche Hoheit* bereits neun Jahre nach dem Erscheinen der Erstausgabe in 64 Auflagen vor, also in 64 000 Exemplaren. Im Jahr 1922 – da stand der Roman in der 77. Auflage – hatte sich der Name Thomas Manns schon so selbstverständlich mit dem Erfolg dieses Buches verbunden, dass ein im Wiener *Neuen 8-Uhr-Blatt* veröffentlichtes Interview den Autor kurzweg (und ausschließlich) als den »Dichter von ›Königliche Hoheit‹« vorstellte.[5]

Der Ehrgeiz, mit dem Thomas Mann sein Vorhaben ins Werk setzte, die Anstrengungen, die er bis zu seinem Abschluss auf sich nahm, und der Trotz, mit dem er es bis in seine letzten Lebensjahre verteidigte – sie stehen im genau umgekehrten Verhältnis zu seinem Nachruhm. Nicht bloß zweieinhalb, sondern tatsächlich annähernd die sieben Jahre des Märchens lang hat Thomas Mann, wenn auch mit Unterbrechungen, an diesem Roman gearbeitet, von 1903 bis Ende 1909 – mehr als doppelt so lange wie an *Buddenbrooks*.

Auch die Anspannung und Erregung, die diesen Entstehungsprozess begleiten, sind mit der Vorstellung eines leichtgewichtig-spielerischen Nebenwerks schwerlich in Einklang

zu bringen. Gegen die *communis opinio* der Kritik wird Thomas
Mann bis zu seinem Tode darauf bestehen, dass »dieses kuriose
Buch«, das immer »die Rolle des Aschenbrödels gespielt hat«,
eine (gegenüber dem sich Vorbereitenden noch ganz ahnungs-
lose, aber unentbehrliche) Vorstufe zu den großen Werken der
Folgezeit gewesen sei: »Welches auch immer das spezifische
Eigengewicht der Prinzengeschichte gewesen sein möge« – fest
stehe doch, »daß ohne sie weder der ›Zauberberg‹ noch ›Joseph
und seine Brüder‹ zu denken sind.« (GW XI, 574–578) Der Vier-
undsechzigjährige, der dies in der Vorrede zur amerikanischen
Übersetzung *Royal Highness* schrieb, wusste, wie schwer dieser
Satz wog – ebenso schwer wie die noch ein Jahr vor seinem Tode
notierte, lapidare Feststellung: »›Königliche Hoheit‹ ist eines
der Experimente meines Lebens« (GW XI, 579).

Selbst das scheinbar Offensichtliche: dass dieses Buch in seinem autobiographischen Zentrum wieder einmal allegorisch
das Problem des Künstlertums behandle, wollte Thomas Mann
1954 nicht mehr allein gelten lassen. Von einer »symbolischen
Ausweitung« seines »allegorischen Märchens« sprach er nun,
die den Roman-Titel über die Verbindung von Fürst und
Künstler hinaus schlechthin »zur Formel für jede Außerordentlichkeit, jede Art melancholischen Sonderfalls« werden lasse,
»mit einem Wort zur Formel der *Einsamkeit*, die denn also in
dem Roman ihre Erlösung, ihren Weg zum Leben und zur
Menschlichkeit findet durch die Liebe.« (GW XI, 580) Wären dies
nicht Behauptungen eines Autors, der mittlerweile den *Zauberberg*, die *Joseph*-Tetralogie und den *Faustus* geschrieben hat und
nun aus der Distanz von fünfundfünfzig Jahren auf ein halb-
vergessenes Jugendwerk zurückblickt – man würde die Differenz zwischen ihnen und den einmütigen Gewissheiten von
Forschung und Kritik für kaum glaubhaft halten. Warum war
gerade dieser verachtete und unterschätzte Roman seinem Autor so lange so wichtig?

Königliche Hoheit war das Buch, das nach *Buddenbrooks* kam. Es war unter mehreren eine Zeit lang in seinen Plänen konkurrierenden Vorhaben dasjenige, das zuerst und am umfangreichsten realisiert wurde. Und es war, was immer sonst noch aus ihm wurde, das Dokument – und angesichts seiner vergleichsweise langen Entstehungszeit auch das Protokoll – einer Krise. Hier versuchte der Verfasser eines genialen Erstlingsromans, ›sentimentalisch‹-bewusst zu wiederholen, was er zuvor mit naivem Selbstvertrauen getan zu haben glaubte.

Es gebe, so schrieb Thomas Mann im Februar 1904 in seinem Essay über *Gabriele Reuter*, »ein trauriges Künstlerschicksal, vor dem jeder sich fürchten muß, dem es auch nur von weitem droht: nämlich bis zum Tode und in die Unsterblichkeit hinein der Autor eines erfolgreichen Erstlingswerkes zu bleiben.« (GKFA 14.1, 61) Der Überschrift nach war hier nur von der Erfolgsschriftstellerin des S. Fischer Verlags die Rede und von ihrem Bestseller *Aus guter Familie*. Die folgenden Schilderungen des Erstlingswerks aber, seiner Entstehungsumstände und seines Sensationserfolgs, waren überdeutlich auf *Buddenbrooks* gemünzt, deren Ruhm noch bis in die Entscheidungen des Stockholmer Nobelpreis-Komitees alle anderen Werke ihres Autors zu überschatten schien. Als Thomas Mann von dieser Künstlerfurcht schrieb, hatte er außer dem Roman vom Verfall einer Familie bereits den Novellenband *Der kleine Herr Friedemann* veröffentlicht, sein eigentliches Erstlingswerk, und die Sammlung *Tristan* mit der rasch erfolgreichen Erzählung von *Tonio Kröger* und so verstörenden Außenseitergeschichten wie der von *Luischen*; nebenbei waren noch kleinere Erzählungen erschienen und mehr als ein Dutzend Essays. Allein *Buddenbrooks* aber war wahrhaftig zum Gegenstand eines »Masseninteresses« geworden; als Thomas Mann seinen Essay über das »traurige Künstlerschicksal« veröffentlichte, stand der Roman bereits in der 18. Auflage. (Und auf der letzten Druckseite der ersten

Buchausgabe von *Königliche Hoheit* wird dann eine Annonce stehen, die für die Jubiläumsausgabe von *Buddenbrooks* wirbt: Es ist die 50. Auflage.)

3. Ein Prinz namens Karl

Am Anfang der langen und verwickelten Entstehungsgeschichte von *Königliche Hoheit* stand der Plan zu einer neuromantisch getönten Künstlernovelle, die wohl dem *Tonio Kröger* geähnelt hätte. »Einen Künstler«, hatte in dieser im Dezember 1902 abgeschlossenen Erzählung der Titelheld selbst erläutert,

> einen wirklichen, nicht einen, dessen bürgerlicher Beruf die Kunst ist, sondern einen vorbestimmten und verdammten, ersehen Sie mit geringem Scharfblick aus einer Menschenmasse. Das Gefühl der Separation und Unzugehörigkeit, des Erkannt- und Beobachtetseins, etwas zugleich Königliches und Verlegenes ist in seinem Gesicht. In den Zügen eines Fürsten, der in Civil durch eine Volksmenge schreitet, kann man etwas Ähnliches beobachten. (GKFA 2.1, 272 f.)

Separiert und unzugehörig, erkannt und beobachtet, vorbestimmt und verdammt: Sieht man ab von dem überraschenden Vergleich am Ende, dann umreißen diese wenigen, aber bemerkenswert drastischen Worte abermals eine Figur, die von vornherein, ohne ihr Zutun zur Ausgeschlossenheit von allen anderen Menschen verurteilt ist. Sie ist es auch hier, scheint es, aufgrund äußerlich wahrnehmbarer *Merkzeichen*. Nur graduell sind diese Zeichen in ihrer Wirkung verschieden von denjenigen, die im selben Novellenband – also in unmittelbarer Nachbarschaft dieser Bemerkungen – beispielsweise Detlef Spinell im *Tristan* oder den armen Rechtsanwalt Jacoby in *Luischen* markierten. Gewiss, »ein Künstler«, das ist eine verglichen mit diesen anderen Außenseitern harmlose Bezeichnung. Doch dieser Künstler hier ist »vorbestimmt und verdammt«, und man sieht

ihm das auch an. Das ist überraschend und bedarf einer Erklärung. Denn warum eigentlich sollte jemand, der seiner Natur
nach ein »Künstler« im Sinne von Tonio Krögers langen Ausführungen gegenüber Lisaweta Iwanowna wäre (also ein zur
reflexiven und selbstreflexiven Distanz und Skepsis, zum
Durchschauen und Verzicht auf alle ›naive‹ Spontaneität und
Authentizität disponierter Mensch) – warum sollte ein solcher
Mensch sich nicht nur »erkannt und beobachtet« *fühlen*, sondern es auch tatsächlich *sein*? Und zwar durch jedermann und
jederzeit, sodass jedermann ihn sogar »mit geringem Scharfblick aus einer Menschenmasse« heraussehen könnte?

Die zitierte Passage gibt auf diese Fragen keine klare Antwort. So bleibt es bei dem gleichsam überschießenden und etwas unheimlichen Bild einer stigmatisierten Existenz, das auch
hier entworfen wird. Erst die am Ende des Gedankens eingeführte Figur des »Fürsten in Civil« wertet dieses Bild um und
verwandelt die Darstellung einer benachteiligten in die einer in
Wahrheit über alle Maßen bevorzugten Existenz. Die sichtbare
Normabweichung der Othellos und Luischen wurde mit Ablehnung und Häme beobachtet. Auf diejenige des inkognito
reisenden Herrschers aber blickt das Volk mit scheuem Respekt. Aus der schmerzlichen Stigmatisierung, der Separation
aufgrund äußerlich sichtbarer Merkzeichen wird hier, mit
einem scheinbar ganz beiläufigen Vergleich, die nur verklei-
dete und in der Verkleidung umso sichtbarere *Erwählung*. Aus
der Scham der Erniedrigten wird die Verlegenheit der Hoheit.
Wer von allen separiert *ist* und von allen auch sofort *als* separiert
erkannt wird, der ist eigentlich, so haben es die bisherigen
Texte vorgeführt, draußen und unten. Wer hingegen nur seine
Galauniform anlegen muss, um sich sogleich wieder allgemeiner Ehrfurcht und Unterordnung erfreuen zu können, der ist
zwar ebenfalls draußen, aber er befindet sich ganz oben. Im ersten Fall ist der eine allen anderen ausgeliefert (zwar nur ihren

Blicken, dann und infolgedessen aber doch auch leicht ihren Taten), im zweiten ist er allen anderen überlegen. Im ersten ist er jedermanns Diener, im zweiten jedermanns Herr.

In den essayistischen Erinnerungen an seine eigenen *Kinderspiele* hat Thomas Mann, ein Jahr nach der Veröffentlichung des *Tonio Kröger*, diese Erhöhungsphantasie ausgiebig beschrieben:

> Ich erwachte z. B. eines Morgens mit dem Entschluß, heute ein achtzehnjähriger Prinz namens Karl zu sein. Ich kleidete mich in eine gewisse liebenswürdige Hoheit und ging umher, stolz und glücklich mit dem Geheimnis meiner Würde. Man konnte Unterricht haben, spazierengeführt werden oder sich Märchen vorlesen lassen, ohne daß dieses Spiel einen Augenblick unterbrochen zu werden brauchte; und das war das Praktische daran. (GKFA 14.1, 80)

Mit keinem Wort ist hier von einem »Gefühl der Separation und Unzugehörigkeit, des Erkannt- und Beobachtetseins« die Rede. Nur zwischen den Zeilen, auf der Rückseite seiner Formulierungen und als stillschweigende Voraussetzung des Stolzes und Glücks »mit dem Geheimnis meiner Würde« ist diese Angst und Einsamkeit mitzudenken. (Nebenbei ist nicht nur der Inhalt dieser Sätze hier bemerkenswert, sondern auch ihr Tonfall, der am Ende übergeht in ein ironisches Pastiche des Andersen-Märchentons; wir kommen darauf zurück.)

Wieder aufgenommen hat Thomas Mann diese Sätze in den – neben *Königliche Hoheit* – anderen Roman, der sich in dieser Zeit vorbereitet hat, in die Geschichte des Hochstaplers *Felix Krull*. Dort wird die Größenphantasie als (allerdings mit großem Theatererfolg in die Wirklichkeit projizierte) Größenphantasie dargestellt werden. In *Königliche Hoheit* wird mit ihr buchstäblich Ernst gemacht.

Der Beobachtete und Separierte als Fürst in Zivilkleidung, das einsame Kind als heimlicher Prinz: In Thomas Manns verstreuten Notizen der Jahre 1903 und 1904 gehen diese Figuren um wie unerlöste Gespenster. In einem Aperçu vom August 1903 schießen sie ganz unvermittelt und vorübergehend zu einer einzigen zusammen, im Imperativ der Selbstanrede. Und dieser Imperativ verbindet sich, ohne dass bisher irgendwo von einem entsprechenden Erzählungsplan auch nur andeutungsweise die Rede gewesen wäre, mit dem Titel des künftigen Romans. 7. Notizbuch:

»Du bis Kaiser (Czar) – lebe allein!«

Motto zu »Königliche Hoheit« (Puschkin)[6]

Die gebieterische Verpflichtung der aristokratischen Existenz auf ein Leben in Einsamkeit stammt aus einem Gedicht Puschkins. Überschrieben ist es dort mit einer Adressierung, die im Notizbuch nicht mitzitiert wird: *An den Dichter.* In formelhafter Verkürzung ist damit ein komplexer Gedankengang zusammengefasst: Da ist das Alleinsein auf Lebenszeit, da ist die (indirekte, hier nur durch Puschkins Überschrift ins Spiel gebrachte) Beziehung dieser Einsamkeit auf eine »Künstler«-Existenz, und da ist die nun sogar kaiserliche Überlegenheit des Einsamen. Aber so, wie sie da steht, zerfällt die Formel in zwei durch den Gedankenstrich scharf getrennte Teile. Der Imperativ des zweiten ergibt sich, so scheint es, aus der Feststellung des ersten: Wenn du schon ein Kaiser bist, ein Mensch ohnegleichen, dann lebe gefälligst auch allein. Bedenkt man den Kontext, in dem diese Notiz sich findet, dann liegt es nahe, den Imperativ umzukehren, ihn gewissermaßen vom Kopf der Größenphantasie auf die Füße der Außenseitererfahrung zu stellen: Wenn du schon so einsam und abgesondert bist – dann werde doch wenigstens Kaiser. ›Du lebst allein – sei Czar!‹

Diese Formel würde die tatsächliche Entstehung jenes Vorhabens sehr genau resümieren, dessen Titel hier mit selbstverständlicher Beiläufigkeit zum ersten Mal erscheint: *Königliche Hoheit.* Die Wendung ist doppelsinnig; sie kann als Anrede eines tatsächlichen Monarchen gelesen werden, aber auch als ein Abstraktum, das sich auf prinzipiell jedermann anwenden lässt, der eine solche Charaktereigenschaft besitzt. Mit der Geschichte, deren Plan sich hier noch vage abzeichnet, wird zum ersten Mal aus dem stigmatisierten der *erwählte* Außenseiter werden, aus dem erbärmlichen Bühnenhelden Jacoby der königliche Staats-Schauspieler Klaus Heinrich, aus dem kleinen Herrn Friedemann der große Regent.

Einmal gefunden, nimmt die Idee nun im Schnittpunkt der Notizen, die im Laufe des Jahres 1903 zusammenkommen, sehr rasch deutlichere Gestalt an. Es ist die Gestalt eines in seiner Einsamkeit vornehmen und in seiner Vornehmheit einsamen Fürsten – als eines Außenseiters von Geburt (und dabei nicht als historische Figur wie etwa Friedrich der Große, sondern als zeitgenössische Erscheinung wie in Tonio Krögers Aperçu). In noch unbestimmter Weise, darum kreisen einige Notizen, soll dieser Fürst kontrastiert werden mit einem »amer[ikanischen] Geldmann« als einem negativen Gegenbild; mit dem Schriftstellerfreund Kurt Martens wird es darüber Anfang 1904 sogar zum Streit kommen. (Und auch das ist Thomas Mann so wichtig, dass er es in seinen Arbeitsnotizen festhält.) Martens hatte behauptet, verglichen mit europäischen Fürsten seien doch amerikanische Multimillionäre »interessanter, auch dem Volke«. Dagegen setzt Thomas Mann die – für sein Erzählvorhaben entscheidende – Behauptung, ein Fürst habe »das *Recht*, sich als etwas *wesentlich* Höheres, Edleres, Ausgenommeneres zu fühlen, als Morgan. Thut ers nicht, so ist er ein Bourgeois.«[7]

Wie präzise oder verschwommen auch immer diese Einfälle sich schon zu einem Novellenplan verbunden haben mögen – offenkundig ist jedenfalls, dass Thomas Mann mit ihm eine weitere Variante jenes thematischen und Motiv-Komplexes verfolgt haben muss, der von *Buddenbrooks* bis zu *Tonio Kröger* und den kürzeren Erzählungen aus dessen Umkreis (*Die Hungernden, Ein Glück,* auch noch der im Hochzeitsjahr 1905 geschriebenen Schiller-Novelle *Schwere Stunde*) sein Frühwerk durchzog: eine *décadence*-Erzählung von der existenziellen Fremdheit eines zur Reflexion verurteilten Helden gegenüber dem »Leben« und seiner *vergeblichen* Sehnsucht nach liebender Vereinigung mit einem der »Blonden und Blauäugigen«. Neu und verheißungsvoll erscheint nur die Variante, diese Geschichte als diejenige einer äußerlich bevorzugten Existenz zu erzählen. Nicht bucklig wie Friedemann sollte der Held sein oder weibisch wie Jacoby, sondern in eine »liebenswürdige Hoheit« gekleidet und »stolz und glücklich mit dem Geheimnis seiner Würde«.

Doch die Grunderfahrungen von Unzugehörigkeit und Separation, die damit so erfolgreich bearbeitet oder verdrängt schienen, kehren bald in verwandelter Gestalt in den entstehenden Text zurück. Der Außenseiter ist verklärt zum Fürsten – und dann erweist sich der Fürst doch wieder nur als neue Variante des Außenseiters. Das zeigt sich in den ersten Anläufen zu einem ausformulierten Text, die Thomas Mann kurze Zeit nach der Vermählung unternimmt.

4. Eisiger Abstand

Drei zunehmend umfangreichere, einander aufgreifende und erweiternde Anfänge, geschrieben im September 1905 und dann von neuem im Frühjahr 1906, markieren Höhepunkt und Abschluss des Versuchs, die alte Stigmatisierungs- zur Hoheits-Geschichte umzuerzählen (GKFA 4.2, 523–562). Schon ihre Einführung liest sich im Rückblick wie das Protokoll eines unvermeidlichen Scheiterns. »Seltsam«, so beginnt der Prolog des ersten Fragments, »ist das Leben derer, die hoch stehen und von ihrer Hoheit im Geiste durchdrungen sind.« (526) Das lässt sich auf zweifache Weise lesen: Sind die Hochstehenden im Geiste von ihrer Hoheit durchdrungen, im Unterschied etwa zu ihrer äußeren Lebenswirklichkeit? Oder sind sie durchdrungen von einer »Hoheit im Geiste«? Auch die folgenden Sätze behalten etwas eigentümlich Schwebendes.

Kaum hingeschrieben, wird das Wort »Seltsam« korrigiert zu: »Schwer«. Nicht um »Heldengröße« soll es hier gehen (wie der Autor sie gleichzeitig im Plan eines Romans über Friedrich den Großen verfolgt), nicht einmal allgemein um »Menschengröße« (wie das Wort nach der Korrektur lautet), sondern um etwas ganz Andersartiges – um »Gegenden der Hoheit, Erlesenheit und schwermüthigen Verpflichtung […], denen der Geist sich mit zartester Theilnahme zu nahen hat.« (526) Wer aber sind die Bewohner dieser gefährlichen Gegenden? Es sind »Fürsten und zur Außerordentlichkeit Geborene« – ein bemerkenswertes Wort, »dies süße Wörtlein: und« (so Thomas Mann, Wagner zitierend, in *Bilse und ich*). Denn es fügt eine deutlich bestimmbare gesellschaftliche Schicht zusammen mit einer vorerst unbestimmt bleibenden Gruppe derjenigen, die zur (wiederum mehrdeutigen) »Außerordentlichkeit« geboren sind. Und ihre Verpflichtung ist schwermütig – was besagen kann, dass die Außerordentlichen infolge ihrer Pflicht schwermütig werden, aber auch, dass ihre Hoheit und Verpflichtung aus Schwermut erwächst –, so schwermütig sogar, dass sie zarteste Teilnahme verdienen. Warum ist das so? Weil ihrer »Hoheit ein äußerst reizbares und immerwaches Bewußtsein ihrerselbst beigegeben ist, als ein Hofmeister, der unerbittlich auf Würde dringt, ja die Würde erst eigentlich schafft« (526 f.).

Auch diesen Satz lohnt es zweimal zu lesen. Denn in ihm wird, im rhetorischen Salto weniger Worte, die ursprüngliche Reihenfolge von Ursache und Folge wieder erkennbar gemacht. Das Bild von der immer schon bestehenden, aristokratisch-angeborenen Hoheit, die nur leider fortwährend über sich nachdenkt wie der Tausendfüßler über die Zahl seiner Füße – dieses Bild wird im selben Atemzug korrigiert: zu dem einer »Hoheit« und »Würde«, die vom reflektierenden Bewusstsein nicht bloß begleitet, sondern allererst *erzeugt* wird. Wenn aber das Bewusstsein seiner selbst »die Würde erst eigentlich schafft«: dann heißt das, dass der vorausgegangene und jetzt überwundene Zustand der von Geburt an Außerordentlichen im Wortsinne *würdelos* gewesen sein muss.

So bringt denn die angestrengte Konstruktion von Hoheit und Würde nur abermals hervor, was sie doch gerade beseitigen sollte. Denn diese angestrengte Würde selbst ist es jetzt, die

> Klüfte und eisigen Abstand ergähnen macht und eine strenge, schwierige und sehnsüchtige Einsamkeit gegen alle trauliche Gemeinschaft abcirkelt. Merkwürdig, rührend und besorgniserregend! (527)

Also nicht mehr Schwermut und Pflicht, sondern gähnende Klüfte und Eis. (»Was war so lang? –«, beginnt Thomas Manns heute berühmtes Liebesgedicht an Paul Ehrenberg: »Erstarrung, Öde, Eis. Und Geist! Und Kunst!« Nb. II, 46.) Und nicht mehr nur zarteste Teilnahme erweckt der nun eingetretene Zustand, sondern Besorgnis. Der Eine, Einsame gegen alle anderen, unüberwindlich abgetrennt und erfüllt von vergeblicher Sehnsucht: Es ist die alte Grundkonstellation, die hier wiederkehrt, nur im (noch immer gleichnishaften) königlichen Gewand und gesteigert in Einsamkeit und Qual. Dieser fürstliche Held ist nicht »kalt« (»Er gilt natürlich für ›kalt‹«, heißt es in einer der frühen Notizen; GKFA 4.2, 354). Sondern er lebt in einer Eiseskälte, die ihm von außen entgegenschlägt und für die er nichts kann.

Und erst jetzt, mit der Nennung »Klaus Heinrichs, des Thronfolgers«, nehmen die allgemeinen Reflexionen eine gleichnishafte Verkörperung an, als exemplarisch Besonderes zum abstrakten Allgemeinen. Es ist diese Allegoriebildung, die der Prolog in wenigen Zeilen *als Prozess* vorgeführt hat. »Zur Außerordentlichkeit geboren« ist der Held dieser ersten zu-

sammenhängenden Erzählversuche insofern, als er sich von
Geburt an in einer gesellschaftlichen Sonderstellung vorfindet.
Gefangen in der Kälte der Selbstreflexion, erscheint er, anders
als der Klaus Heinrich des späteren Romans, noch als ein träu-
merischer, lebensfremder, dekadenter Melancholiker. Die im
Roman leitmotivisch eingesetzten Reminiszenzen an Andersens Märchen von Kai, der im Eispalast der *Schneekönigin* gefangen ist (und dann durch Gerdas Liebe erlöst wird), lesen sich
wie späte Echos dieser frühen Konzeption. Ohne sein Zutun
also ist dieser Klaus Heinrich, wie vor ihm Hanno Buddenbrook, belastet durch das Erbteil seines Vaters, der seinen
Ästhetizismus und sein erotisches Begehren gegen gesellschaftliche Rücksichten und staatliche Verpflichtungen durchgesetzt und damit beigetragen hat zum Verfall seiner Familie
wie zu dem seines Landes. Das fortwährend quälende »Bewußtsein seiner selbst« gehört zu diesem Erbe, und es ergibt sich
auch hier aus der Logik der fortschreitenden Dekadenz. Über-
zart und verletzbar, verträumt dieser Held seine Kindheit in
den weltfern-traumhaften, inzestuös getönten Liebes- und To-
des-Spielen mit seiner Schwester im Garten von Hollerbrunn.
Der lyrisch-neuromantische Ton, in dem in diesen Abschnitten
von »Springbrunn« und »elfenbeinweißer« Flieder-»Blust« die
Rede ist und von der exklusiven Beziehung zwischen den aris-
tokratisch-erlesenen Geschwistern (in der Hans Wysling ein
zarteres Gegenstück zu *Wälsungenblut* gesehen hat; TMS I, 73) –
dieser Ton wird in Thomas Manns Werk nie wieder zu hören
sein; und er steht schon hier im beinahe karikaturhaft scharfen
Kontrast zur diplomatischen Nüchternheit der Ministerge-
spräche.

Allein um *diesen* Außerordentlichen also soll es in der folgenden Erzählung gehen. Von vornherein und explizit ausgeschlossen sind dagegen all jene, »die ihr Dasein der Ausnahme
mit Leichtigkeit führen«; sie, hieß es im Prolog, »sind wenig be-

trächtlich«. Nur implizit übergangen werden hingegen jene, deren Ausnahmedasein zwar ebenfalls kalt und isoliert, aber weder aristokratisch noch erlesen ist. Damit aber ist »die Gefahr«, dass ein solchermaßen Gequälter »sich auf immer in dem Problem [seines] eigenen Daseins verstrickt und darin kümmert« (GKFA 4.2, 526 f.), auch zur Gefährdung des Textes selbst geworden.

Tatsächlich brechen die Fragmente der »Frühen Fassung« genau in jenem Augenblick ab, in dem die fürstlichen Geschwister zum ersten Mal einem Mann *von unten* begegnen. Buchstäblich von unten erscheint er, »im Halbdunkel«, in jenen verwinkelten Kellergewölben des Schlosses, in denen die fürstlichen Kinder sich verirrt haben, und er erweist sich als ein Bittsteller aus dem Volke, der nun nicht zurück ins Freie finden kann. Von unten kommt er auch in sozialer Hinsicht, unverkennbar schon am »kleinbürgerlichen« Schnitt seines Ausgehanzugs. Vor Schrecken angesichts dieser Begegnung mit dem ganz Fremden macht Klaus Heinrichs Schwester Miene, einfach davonzulaufen – und mit der Frage des Mannes nach »irgend einem Ausgange aus dem Schlosse« endet der Text jäh. Das hat etwas Symbolträchtiges: Die einmal gewählte Konzeption, die ausschließliche Fixierung auf das fürstliche Dasein, erschwert den Ausgang aus dem Schloss. Unmetaphorisch gesagt: Vom Leiden zu erzählen, ohne die Verklärung der »königlichen Hoheit« aufzugeben, wäre zumindest ebenso problematisch geworden wie die Erzählung von dieser Hoheit ohne die Darstellung des Leidens. Verstrickt in das Problem seines eigenen Daseins, ist der Prinzen-Roman so, noch ehe er eigentlich in Gang gekommen ist, verkümmert.

Gleichviel aber, ob diese oder eine andere Überlegung den Ausschlag dazu gegeben hat, dass Thomas Mann diesen Versuch wieder abbrach – jedenfalls fing er nun, im Sommer 1906, noch einmal von vorn an. Ab dieser Zeit hat er sein Figuren-

Panorama grundlegend neu überdacht und dann entschieden erweitert – angefangen damit, dass er seinem Protagonisten dabei eine buchstäblich neue Gestalt verlieh.

5. Die Amme und das Amnion

»Hemmungsbildungen« lautet das neue Stichwort. »*Hemmungsbildungen*«, so erläutert eines der Exzerpte und Resümees ausgedehnter Recherchen in Thomas Manns Notizen,

> haben gewöhnlich eine mechanische Ursache. Durch Umschlingung eines Beines oder Armes (einzelner oder mehrerer Finger, Zehen, einer Hand) kann eine Verkümmerung (*Atrophie*) oder eine Amputation des Gliedes bewirkt werden. Bei den Fingern u. Zehen am häufigsten.
>
> Auch durch eine der Eihäute, das sogen. *Amnion* können Hemmungsbildungen veranlaßt werden. Wenn nämlich die Menge des Fruchtwassers in der frühesten Zeit der Schwangerschaft abnorm gering ist, so kann sich die Abhebung dieser Eihaut vom Embryo verzögern und die Ausziehung von Fäden und Strängen zwischen ihm und dem Amnion erfolgen. Dadurch kann es durch Zug, Einschnürung und Compression zu Misbildungen [!] des Kindes kommen. Diese *amniotischen Fäden* bewirken Fixationen, Knickungen, Verkrümmungen und ebenfalls Amputationen von ganzen Extremitäten oder einzelnen Theilen. Durch die Abschnürungen entstehen wie bei der Nabelschnur Atrophieen. (GKFA 4.2, 443 f.)

Gerade weil es so offensichtlich erscheint, hat daran in der Kritik fast niemand Anstoß genommen: dass die Sonderstellung des Helden im Roman übermarkiert, ja übermotiviert ist. Klaus Heinrich lebt allein, weil er ein Prinz ist; das sollte genügen. Doch der Aristokrat mit dem verkrüppelten Arm ist ein *doppelter* Außenseiter, sozial und in seiner körperlichen Natur, und beides *von Geburt an*. Nur die erste dieser beiden Markierungen aber ist eine aristokratische; die zweite, die Hemmungsbildung, kann jedes Kind treffen – und erschreckende Beispiele dafür wird der Held dann unter den Proletarierkindern im Spital kennen lernen. Diese unterernährten, misshandelten, verkrüppelten Elendsgestalten sind in diesem Roman, wenn es um die Beschaffenheit des Körpers geht, seine nächsten Verwandten – sie, nicht die königlichen Hoheiten.

Schon in der frühesten Konzeptionsphase hatte sich, noch ohne einen erkennbaren Plan des Autors, eine Konstellation vorbereitet, die das einfache Figurenschema seines gerade erst Gestalt annehmenden fürstlichen Helden mit einem winzigen Widerhaken versehen sollte. Der romantischen königlichen Hoheit tritt da, ebenfalls im 7. Notizbuch und noch ohne eindeutig erkennbaren Bezug auf das *Königliche Hoheit*-Vorhaben, eine weibliche Neben- und Gegenfigur an die Seite. Und sie verkörpert das Prinzip eines dekadenten Außenseitertums in einer hässlichen Pathologisierung: als Geisteskrankheit, als peinigende und peinliche Degeneration. Das Vorbild dieser »Baronin«, die sich nun, mit dem Neubeginn, allmählich zur Gräfin Löwenjoul entwickeln wird, hatte Thomas Mann im Sommer 1903 in einem Sommerurlaub in Polling kennen gelernt. Sogleich hatte er eine entsprechende Notiz gemacht; einige ihrer mit wirren Mitteilungen über Soldatenleben und Verschwörungen bekritzelten Blätter bewahrte er für alle Fälle auf (vgl. GKFA 4.2, 302). Nun, im neu konzipierten Roman, wird die Außenseiterin zum Normalfall. Denn nun ist, als pathologischer Fall einer angeborenen Hemmungsbildung, auch der romantische Prinz selbst in eine Reihe geraten mit Leuten wie ihr und zugleich mit jenen Kindern aus den Armenvierteln, von denen er nichts gewusst hat und die in seiner höfischen Welt nicht vorgesehen sind.

Mit der Hervorhebung der zwar gewiss auch gleichnishaf-

ten, zunächst aber doch medizinisch sehr konkret dargestell-
ten körperlichen Eigenschaft tritt die psychische und intellektuelle Vereinsamung des an reflexiver Distanz zu sich selbst
und der Welt Leidenden entschieden zurück. Nicht mehr von
vornherein am »Bewußtsein seiner selbst« leidet er jetzt, und
keineswegs mehr erscheint er als aristokratischer *décadent* und
sensitiver Künstler in der Nachfolge Hannos und Tonios. Mit
der Verschiebung seiner ›Behinderung‹ von innen nach außen,
aus dem Seelenleben auf den Körper, wird er naiver und gerad-
liniger. Das in der frühen Fassung noch allein bestimmende
Leiden am »Geist« wird nun vielmehr so weitgehend dominiert
von einem körperlichen Gebrechen, dass es geradezu als dessen
Folge oder Kompensation erscheinen könnte.

Aber was hat es mit dieser Verkrüppelung des Körpers auf
sich, dieser hässlichen, peinlichen, sein Ansehen wie seine
praktische Berufsausübung behindernden und daher unbedingt zu verbergenden Hemmung? Unübersehbar teilt der Ro-
manprinz sie mit dem regierenden deutschen Kaiser, was schon
von der zeitgenössischen Rezeption je nach politischer Einstel-
lung als satirischer Seitenhieb wahrgenommen wurde (der die
überalterte Hofhaltung und die leeren Rituale der Romanwelt
auf die reale Monarchie übertragbar machte) oder als romantischer Hinweis auf den doch seinerseits im Leiden tapferen Wilhelm. Doch dieser Anspielungscharakter erklärt allenfalls, warum es gerade der verkümmerte *Arm* ist, der Klaus Heinrich das
Leben schwer macht – nicht aber, welchen Platz die Idee dieser
körperlichen Missbildung selbst einnimmt in den Stigmatisierungsdarstellungen des Mann'schen Frühwerks.

In der Schilderung der königlichen Geburt wird das Gebrechen mit sonderbarer Umständlichkeit eingeführt; worum es
sich überhaupt handelt, wird in diesem ersten Kapitel lange in
der Schwebe gehalten. Unmittelbar nach der schwierigen Nie-
derkunft nämlich erscheint Staatsminister von Knobelsdorff

im Geburtszimmer, um gemäß alter Sitte »das Geschlecht des fürstlichen Kindes nach eigenem Augenschein festzustellen und amtlich aufzunehmen.« Denn schließlich, wie er selbst scherzhaft bemerkt: »Bevor ich nicht über die Sachlage gründlichste Erhebungen angestellt, bleibt die Frage, ob Prinz oder Prinzessin, durchaus unentschieden ...« »Man lachte hierüber«, bemerkt der Erzähler; und vielleicht hätte man weniger gelacht, wenn man auch bei Hofe jene Essays gelesen hätte, in denen sich der Schriftsteller Thomas Mann so intensiv mit dem Verhältnis von Männlichkeit, Weiblichkeit und den Tschandalas des Erotischen auseinander gesetzt hätte. Staatsminister von Knobelsdorff also will das Geschlecht des fürstlichen Kindes untersuchen, um festzustellen, ob es sich um Prinz oder Prinzessin handelt – und da wird er, so erfahren die Leser, »stutzig gemacht und angehalten durch eine peinliche Beobachtung, über die er zunächst gegen jedermann, ausgenommen gegen die Hebamme, Schweigen bewahrte.« Mehrere Abschnitte lang ist nun von dieser »mißlichen Entdeckung« undeutlich und vieldeutig die Rede; und nur sehr aufmerksame Leser werden in diesen Passagen den winzigen Satz »Es stimmte« *nicht* überlesen:

Die Doktorin Gnadebusch enthüllte ihm das Kind, und ihre hinter den dicken Brillengläsern geheimnisvoll glänzenden Augen gingen zwischen dem Staatsminister und dem kleinen, kupferfarbenen und mit einem – nur einem – Händchen blindlings greifenden Wesen hin und her, als wollte sie fragen: »Stimmt es?« – Es stimmte, Herr von Knobelsdorff war befriedigt, und die weise Frau hüllte das Kind wieder ein. Aber auch dann noch ließ sie nicht ab, auf den Prinzen nieder und zu dem Baron emporzublicken, bis sie seine Augen dorthin gelenkt hatte, wo sie sie haben wollte. (GKFA 4.1, 25 f.)

Erschrocken entdeckt auch der fürstliche Vater, »was man ihm gern noch verhehlt hätte. Er zog die Decke weiter zurück« –

aber was er da sieht, bleibt dem Leser über mehrere Seiten verborgen. Erst im Gespräch mit Generalarzt Eschrich löst sich die Zweideutigkeit auf: »»Was ist das«, fragt der Fürst, »mit dem Arm des Kindes?«

Aus den Auskünften, die der Vater (und mit ihm die Leser) nun über die *Entstehung* der Missbildung erhalten, ergibt sich ein neues Rätsel. Auf die beunruhigte Frage, »wovon denn eigentlich die Rede sein kann«, erläutert der Kinderarzt Sammet: »Solche Mißbildungen nennen wir Hemmungsbildungen«; dann führt er erläuternd aus, was Thomas Mann sich aus seinen Quellen exzerpiert hatte, und beantwortet die (schon an sich bemerkenswerte) Schuldfrage mit einer auffallenden Formulierung. »»Hemmungsbildungen‹, antwortete Dr. Sammet, ›können auf verschiedene Weise entstehen. Aber man kann mit ziemlicher Gewißheit sagen, daß in unserem Falle... in diesem Falle das Amnion die Schuld trägt.‹« (31)

So bedeutungsvoll hinausgezögert, und so völlig entbehrlich für das Weitere, weist das Fremdwort weit hinaus über diesen Roman, auf einen lange zurückliegenden Text. »Die Amme hatte die Schuld«, lautete der berühmte erste Satz der Novelle vom *Kleinen Herrn Friedemann*, dem Buckligen. Damals, im April 1897, hatte Thomas Mann an Otto Grautoff geschrieben, er habe nun »plötzlich die diskreten Formen und Masken« gefunden, »in denen ich mit meinen Erlebnissen unter die Leute gehen kann« (GKFA 21, 89). Das Amnion trägt die Schuld: Der beiläufige, fast unmerkliche Kalauer macht aufmerksam auf weitläufige Beziehungen der frühen Außenseitergeschichte zum Fürstenroman. Wie Friedemann, um ein Leben in Würde und Selbstbeherrschung führen zu können, seinen Körper von allem abspaltet, was er »Ich« nennt, und ein Leben der ästhetisierenden Distanz zu sich selbst und der Welt erlernt – so übt auch Klaus Heinrich den »hohen Beruf« mit all seiner schauspielerhaften Uneigentlichkeit und Selbstdistanz nicht nur deshalb aus, weil das eben zu den ihm mit der Geburt zugewachsenen Aufgaben gehört, sondern auch, weil er etwas zu verbergen hat. In diesem Sinne akzentuiert Thomas Mann, in einem während dieser Neukonzeption der Figur geschriebenen Brief, die alte Analogie von Künstler und Fürst neu: Beide gehören zu den »zur Außerordentlichkeit Geborenen«, beide unterscheiden sich damit von jenen, die – mit einer dann auch in die Geschichte Felix Krulls übernommenen Wendung – »sich sehen lassen« können:

> Der Künstler ist insofern den Fürsten verwandt, als er, gleich diesen, ein *repräsentatives* Dasein führt. Was für den Fürsten die Etikette ist, das ist für den Künstler die hohe Verpflichtung zur Form. Der Künstler, wie ich ihn kenne, ist niemals der Mann, der sich freierdings und ohne Weiteres »sehen lassen kann«. Er bedarf der Besonnenheit in der Leidenschaft, der Idealisirung in der Selbstdarstellung, mit einem Worte: der Kunst. Das ist seine menschliche Schwäche. Mit Ihnen ist es etwas Anderes. Seien Sie zuversichtlich und geben Sie sich ohne Bänglichkeit: *Sie können sich sehen lassen.*[8]

Friedemann wie Klaus Heinrich gehören zu jenen, denen ihr widerspenstiger Körper und die Blicke der Anderen eine »Verpflichtung zur Form« auferlegen, einer Form, an deren Starrheit und Kühle sie dann umso tiefer leiden. Die Anderen: das sind die, die »sich sehen lassen« können – sie selbst aber werden immerfort »beobachtet und erkannt«. Sie bedürfen der Besonnenheit auch noch, ja gerade in der Leidenschaft (was andernfalls geschehen kann, lehrt das Ende Friedemanns) – nicht etwa aus einem allgemeinen Ästhetizismus heraus, sondern zum puren Selbstschutz: »der Idealisirung in der Selbstdarstellung«. Zu diesen gehören der Schreiber des Briefes selbst; zu ihnen gehören die traurigen Heldinnen Toni Schwabes; zu ihnen gehören Klaus Heinrich und Friedemann, die Opfer der Amme und des Amnion, die Krüppel.

6. Aristokratische Monstren

Dass sein Prinzenroman über den stigmatisierten Titelhelden
hinaus eine ganze Phalanx von »aristokratischen Monstren«
aufbiete, das hat Thomas Mann in den *Betrachtungen eines Unpolitischen* rückblickend konstatiert. Tatsächlich hat das dem
Prinzentraum eingefügte Motiv von Klaus Heinrichs Behinderung ein umfangreiches Panorama unterschiedlichster Erscheinungsformen von Stigmatisierung eröffnet – im hier
vorausgesetzten engsten Sinne des Wortes, als äußerlich sicht-
bares »Merkzeichen«, das den Einen von allen Anderen unterscheidet und trennt. Der zwischen Abstraktum und Personifikation changierende Romantitel, der ja schon im wieder ver-
worfenen Prolog der frühen Fassung allgemein auf alle »zur
Außerordentlichkeit Geborenen« bezogen war, wird nun ausdrücklich »zur Formel für jede Außerordentlichkeit, jede Art
melancholischen Sonderfalls [...], mit einem Wort zur Formel
der *Einsamkeit*, die denn also in dem Roman ihre Erlösung, ihren
Weg zum Leben und zur Menschlichkeit findet durch die
Liebe.« (GW XI, 580)

Und in der Tat, an melancholischen Sonderfällen besteht
hier kein Mangel. Stigmatisiert sind hier bei näherem Hinsehen eigentlich alle Gestalten, die neben dem Titelhelden in den
Lichtkegel der Erzählung treten; ein ganzes Panorama der Außenseiter. Da sind

– Imma Spoelmann und ihr Vater Samuel, die als »Rassenmi-
  schungen« (und aufgrund ihres ererbten, also gewissermaßen auch ›angeborenen‹ Reichtums) und daheim verdäch-
  tigte Außenseiter nach Europa kommen;

– Klaus Heinrichs Bruder *Albrecht II.*, sein leidensblasses und
  lebensmüdes Gegenbild, in dessen Äußerem die Züge
  Heinrich Manns so leicht zu erkennen waren wie in seinem
  Inneren die des frühen Thomas Mann selbst;

- der durch seine uneheliche Abkunft, seine körperliche Miss-
gestalt und seine Liebe zu Klaus Heinrich doppelt und drei-
fach zum Außenseiter gemachte Hauslehrer *Raoul Überbein*;
- »der junge Ortsarzt, ein Dr. *Sammet*, der obendrein jüdischer
Abstammung war« – und der eben aufgrund von Redeweisen
wie diesem »obendrein« vom Scheitern jedes »paritätischen
Prinzips« zu berichten weiß;
- die durch sexuelle Gewalterfahrungen traumatisierte und
seither geistesgestörte Hausdame, die *Gräfin Löwenjoul*;
- der unheilbar kränkelnde, vom Leben getrennte Literat *Axel
Martini* mit der »ungesunden Röte über den Wangenhöhlen«;
- jene misshandelten und missgebildeten *Proletarierkinder im
Spital*, die in beunruhigender Ähnlichkeit zum aristokratischen Titelhelden die physischen »Abzeichen einer niederen
und harten Geburt« am Leibe tragen;
- und da ist der irrsinnige und Thomas Manns eigenem
Colliehund Motz nachgestaltete Haushund *Percy*, eine der
absonderlichsten Nebenfiguren, die dieser Autor je erfun-
den hat.

Percy ist, ganz wie in Hans Christian Andersens Erzählung *Her-
zenskummer*, der letzte in der traurigen Hierarchie, ein armer
Hund –, und in einer allenthalben von Über-Ichs dominierten
Welt erscheint er wie das allegorisch personifizierte »Es«, wenn
er etwa vor Erregung hysterisch kreischend den beherrschten
Hochzeitszug umtobt. Seit der Zeit des *Kleinen Herrn Friedemann*
ist Thomas Mann immer wieder zurückgekommen auf Nietzsches Metapher von den »Hunden im Souterrain«, die es an die
Kette zu legen gelte; mit ihr verbindet sich die Vorstellung
hündischer Erniedrigung eben aus dem unbeherrschbaren Ge-
schlechtstrieb heraus: »wie ein Hund« (GKFA 2.1, 118) geht Friedemann zugrunde, wie »zu einem Hunde« spricht Amra zu Jacoby, der um ihre Gunst bettelt (165). Hier aber wird für einmal

der Hund freigelassen aus dem Souterrain – ein »Exzentrik« unter seinesgleichen, ein tierischer Anarch.

Bis es zum wunder- und sonderbaren Märchenschluss kommt, haben all die Außerordentlichen sich, mit einer leitmotivisch zitierten Formel von trauriger Ironie, erfahren als je auf ihre Weise ein »Malheur von Geburt«. Denn sie alle sind stigmatisiert aufgrund angeborener, unabänderlicher und physisch unübersehbarer oder unüberhörbarer Eigenschaften. Sie alle stellen »Ausnahmen und Sonderformen« dar, »die in einem erhabenen oder anrüchigen Sinne vor der bürgerlichen Norm ausgezeichnet sind« und deshalb »gegen die regelrechte und darum bequeme Mehrzahl« stehen. Und der jüdische Arzt *Sammet*, dem Thomas Mann hier diese Formulierung in den Mund legt und der sich seinerseits als »Malheur von Geburt« stigmatisiert und ausgezeichnet fühlt: Dieser Jude spricht als ihr Repräsentant.

Das geschieht in jenem persönlichen Gespräch, in das Sammet, nachdem er dem großherzoglichen Vater des neugeborenen Klaus Heinrich die Zusammenhänge von Hemmungsbildung und Amnion erläutert hat, unversehens verwickelt wird. Es ist, gleich im ersten Kapitel, eine Weichenstellung für den gesamten Roman, der erstaunlich wenige Leser ernstlich gefolgt sind.

»Sie sind Jude?« fragte der Großherzog, indem er den Kopf zurückwarf und die Augen zusammenkniff ...

»Ja, Königliche Hoheit.«

»Ah. – Wollen Sie mir noch die Frage beantworten ... Haben Sie Ihre Herkunft je als ein Hindernis auf Ihrem Wege, als Nachteil im beruflichen Wettstreit empfunden? Ich frage als Landesherr, dem die bedingungslose und private, nicht nur amtliche, Geltung des paritätischen Prinzips besonders am Herzen liegt.«

»Jedermann im Großherzogtum«, antwortete Dr. Sammet, »hat das Recht, zu arbeiten.« Aber dann sagte er noch mehr, setzte beschwerlich an, ließ ein paar zögernde Vorlaute vernehmen, indem er auf eine linkisch leidenschaftliche Art seinen Ellenbogen wie einen kurzen Flügel bewegte, und fügte mit gedämpfter, aber innerlich eifriger und bedrängter Stimme hinzu: »Kein gleichstellendes Prinzip, wenn ich mir diese Bemerkung erlauben darf, wird je verhindern können, daß sich inmitten des gemeinsamen Lebens Ausnahmen und Sonderformen erhalten, die in einem erhabenen oder anrüchigen Sinne [!] vor der bürgerlichen Norm ausgezeichnet sind. Der Einzelne wird gut tun, nicht nach der Art seiner Sonderstellung zu fragen, sondern in der Auszeichnung das Wesentliche zu sehen und jedenfalls eine außerordentliche Verpflichtung daraus abzuleiten. Man ist gegen die regelrechte und darum bequeme Mehrzahl nicht im Nachteil, sondern im Vorteil, wenn man eine Veranlassung mehr, als sie, zu ungewöhnlichen Leistungen hat. Ja. Ja«, wiederholte Dr. Sammet. Es war die Antwort, die er mit zweimaligem Ja bekräftigte.

»Gut ... nicht übel, sehr bemerkenswert wenigstens«, sagte der Großherzog abwägend. Etwas Vertrautes, aber auch etwas wie eine Ausschreitung schien ihm in Dr. Sammets Worten zu liegen. (GKFA 4.1, 33 f.)

Eine Ausschreitung, ein unerlaubter Grenzübertritt hat sich hier in der Tat vollzogen. Was er durchkreuzt, ist nicht nur die hierarchische Grenze zwischen Dazugehörigem (hier repräsentiert durch den regierenden Fürsten des Landes) und Außenseiter, ja eine Umkehrung der noch in der gönnerhaft herablassenden Frage enthaltenen Rangordnung – sondern auch die Grenze der Diskurse über Judentum und Gleichstellung. Unmarkiert, und unbemerkt von den meisten Lesern, spricht Doktor Sammet hier wörtlich so, wie Thomas Mann es in seinem Essay *Zur Lösung der Judenfrage* tut. Doch im Fürstenroman wird, was dort höchst ambivalent zwischen erklärtem Philo-

und praktischem Antisemitismus changiert, aufgelöst in eine unzweifelhafte *Identifikation* – und dann, überdies, in den Beginn einer *Solidarisierung* der Außenseiter miteinander. »Ausnahmen und Sonderformen« aber, »die in einem erhabenen oder anrüchigen Sinne vor der bürgerlichen Norm ausgezeichnet sind«: Das gilt in dieser verallgemeinernden Ausdrucksweise nicht für den jüdischen Arzt allein – das gilt für fast alle Figuren dieses Romans. Figuren, die nichts gemeinsam haben als eben ihr Stigma.

Diese Galerie der Außenseiter ist zweifellos aus autobiographischen Erfahrungen ihres Verfassers heraus entstanden. Aber ebenso zweifellos gehen sie auch in diesem, ihrem ersten und bestimmenden Vorbild nicht auf. Weil es ihm gelingt, aus der einen »dunklen Ausnahme im Gemüt« ein literaturfähiges »Sinnbild« zu entwickeln, wird aus den Maskierungen des Ich ein Modell von beträchtlicher sozialer Reichweite. Auf dem Weg von Thomas Manns frühen Erzählungen über die langwierigen Vorarbeiten und Entwürfe einer »Prinzengeschichte« bis in den 1909 endlich gedruckten Roman – auf diesem Weg vervielfältigen und differenzieren sich die Spiegelungen des Autobiographischen, nehmen Fleisch und Blut an, werden zur bunten Schar »all derer, welche in irgend einem Sinne ›schwarz‹ sind«.

Diese Figurenkonstellation ist das Ergebnis einiger bemerkenswerter Einfälle und Konzeptionsänderungen auf dem Weg vom Neuanfang 1906/07 bis zum Erscheinen des Romans Ende 1909. Sie alle haben es unmittelbar mit den uns schon bekannten Konzepten von »Juden, Frauen und Litteraten« zu tun. Und darum lohnt es, ihnen ein wenig nachzugehen, ehe wir zur letzten Fassung des Romans zurückkehren.

7. Imma Davidsohn

So wie die Leser Imma im Roman kennen lernen, ist diese bürgerliche Märchenprinzessin eine »Farbige«, eine »Rassenmischung«; die »Schwärze« Othellos ist zwar nicht ihre Haut-,
wohl aber ihre Haarfarbe (und sie hat auch keine afrikanischen,
sondern indianische Vorfahren). Wäre es hingegen bei Thomas
Manns frühen Skizzen zu dieser Figur geblieben, so erschiene
auch sie im Roman als eine Jüdin. »Imma Davis« heißt sie die
längste Zeit in Thomas Manns Arbeitsnotizen, »eigentlich Da-
vids oder Davidsohn« (das Letztere korrigiert aus: »Davis-
sohn«); in die USA ist die Familie vor zwei Generationen ausge-
wandert, »als kleine Händlersleute«. (GKFA 4.2, 421)

Seit der Begegnung mit Katia Pringsheim hat Thomas Mann
die Absicht verfolgt, auch den Millionär Samuel Davis und
seine Tochter als, auf der väterlichen Seite, Abkömmlinge
deutsch-jüdischer Emigranten darzustellen. (Ihre Mutter hingegen sollte, nach dem Vorbild der Mann'schen Familienge-
schichte, der Verbindung eines deutschen Plantagenbesitzers
in Südamerika und einer Portugiesin entstammen.) Die politische Verbindung und Eheschließung eines deutschen Fürsten
mit einer amerikanischen Jüdin allerdings – das wäre doch
mehr gewesen, als dem wilhelminischen Lesepublikum glaubhaft zu machen war. Wohl vor allem aus diesem Grund, vielleicht auch wegen der niederschmetternden Erfahrungen mit
der Fiktionalisierung der Familie Pringsheim in *Wälsungenblut*,
hat Thomas Mann diesen Plan wieder aufgegeben und Imma,
wie zuvor schon Tonio Kröger, in Analogie nicht zur Familie
seiner Braut, sondern zu der seiner Mutter Julia Mann als Ab-
kömmling einer deutsch-kreolischen und endlich auch noch
einer europäisch-indianischen »Rassenmischung« dargestellt.
Da es also abermals um Kategorien dessen geht, was Thomas
Mann im *Chamisso*-Essay als »Druck einer allgemeinen Devo-

tion vor der bindenden Macht des Blutes« bezeichnet hatte, finden sich in den Arbeitsnotizen entsprechend umständliche Genealogien, mitsamt Erläuterungen zu einer dem Autor ersichtlich noch unvertrauten rassistischen Terminologie. »Mestizen«, »Kreolen«, »Farbige«, »Mischlinge«, »Mulattinnen«, »Indianer *pur sang*«, »Halbindianerinnen«: sie alle werden hier für den Roman auseinander buchstabiert, mitsamt den Blut-Mischungsgraden von »Tercerone«, »Quarterone«, »Quinterone«. Alles, um das Ergebnis zuverlässig abzuleiten, das nun an die Stelle der einfachen deutsch-jüdischen Abkunft zu treten hat: »Imma hat deutsches, portugiesisches, englisches, indianisches Blut.« (GKFA 4.2, 466 f.) So anrüchig, so wenig rasserein tritt sie ins Leben des treudeutschen Duodezfürstentums und seines braven Fürsten.

Imma ist aber nicht nur eine »Rassenmischung«, der das Außenseitertum mit gerade hier besonders pittoresken (wenngleich diesmal anmutig zarten) Pinselstrichen ins Gesicht geschrieben ist – sie ist zugleich eine *Frauengestalt*, wie sie bislang nicht im Buche stand, jedenfalls nicht in den Büchern Thomas Manns. Die Ewigkeit des »Ewig-Weiblichen« hat, im Rückblick gesehen, nicht besonders lange gedauert. Sechs Jahre vor dem Erscheinen von *Königliche Hoheit* hatte Thomas Mann dieses *gender*-Modell als Inbegriff schmerzhaft-passiver Keuschheit, als »Symbol der leidenden Liebe« verkündet und sich offensiv damit identifiziert. Nicht, dass er sich von der Suche nach einem die biologischen *sexes* übergreifenden Weiblichkeits-Modell abgewandt hätte, im Gegenteil; nur nimmt dieses Modell selbst in der Entwicklung der Figur Imma Spoelmanns immer selbstbewusstere Züge an. Während der *Ausarbeitung* des Prinzenromans bilden sich die Konturen einer Großbürgerin heraus, die durchaus andersartige kulturelle Erfahrungen von Amerika nach Europa importiert als diejenigen der deutschen Neuromantik. Aufmerksam registrieren Thomas Manns ein-

schlägige Notizen soziokulturelle Differenzen von Geschlechterrollen im Kaiserreich und in den USA. Zur »Stellung der Frau«
vermerkt er da: »Geistige, kulturelle Überlegenheit; der Mann
ohne Muße, Arbeitstier«. An anderer Stelle notiert er das »*Ideal
der Amerikanerin*, ›q u i t e   s t y l i s h‹ zu sein, d. h. à l a m o d e,
c h i c, auf der Höhe«. (GKFA 4.2, 359 f.) Und so sieht Imma dann
im Roman ja auch aus – stylish, auf der Höhe und geistig-kul-
turell nicht nur dem Prinzen, sondern der gesamten durch ihn
repräsentierten Kultur überlegen.

Vor allem Imma Spoelmanns freche Durchbrechung der militärischen Ordnung musste, gelesen im Kontext einer wilhelminischen Gesellschaft mit ihren aristokratisch, männlich und
militärisch bestimmten Alltagsritualen (Ritualen, wie sie dem
Leser ja von der früh konzipierten »Vorspiel«-Szene an demonstriert worden sind) ungleich provokativer erscheinen, als heutige Leser das unmittelbar wahrnehmen werden. In ihr kommt
pointiert zum Ausdruck, was Immas Verhalten, ja was überhaupt ihre Figurenkonzeption so befremdend und befreiend
neuartig macht.

Die Szene geht zurück auf Thomas Manns erste Begegnung
mit der selbstbewusst-burschikosen Katia Pringsheim (aus rei-
cher, liberaler, jüdischer Familie) in einer Münchner Trambahn; diese selbst hat später in ihren *Ungeschriebenen Memoiren*
davon berichtet. Gerade der Vergleich dieser Szene mit derjenigen im Roman aber zeigt, wie Thomas Mann den Kontrast mit
der ›Amerikanisierung‹ zuspitzt zum Zusammenstoß zweier
politischer Kulturen. Wo in der Münchner Wirklichkeit Fräulein Pringsheim einen Straßenbahnschaffner keck brüskiert, da
verschafft sich im Roman Miss Spoelmann entrüstet Durchlass
durch eine komplette Militärformation vor dem fürstlichen
Schloss, von dessen Fenster aus der Prinz den Vorfall beobachtet, und geht ihren eigenen Weg.

Sie gelangte vor die Hauptwache in dem Augenblick, als die

Ablösungsmannschaft, gegenüber der Wachtmannschaft, die in zwei Gliedern und Gewehr bei Fuß die Höhe des Bürgersteiges besetzt hielt, im Rinnstein aufmarschierte. Sie mußte unbedingt umkehren, das Musikkorps und die Zuschauermenge umgehen, ja, wenn sie den offenen Platz mit seiner Trambahn vermeiden wollte, auf dem ringsherum führenden Fußsteig einen ziemlich weiten Bogen beschreiben – oder das Ende der militärischen Verrichtung erwarten. Sie machte zu keinem von beidem Miene. Sie schickte sich an, auf dem Bürgersteige vorm Schloß zwischen den Gliedern hindurchzugehen. Der Unteroffizier mit der heiseren Stimme sprang vor. »Kein Durchgang!« schrie er und hielt den Kolben seines Gewehrs vor sie hin. »Kein Durchgang! Umkehren! Abwarten!« Da aber wurde Miss Spoelmann zornig. »Was fällt Ihnen ein!« rief sie. »Ich habe Eile!!« Aber diese Worte besagten wenig im Vergleich mit dem Nachdruck aufrichtigster, leidenschaftlichster, unwiderstehlichster Entrüstung, mit dem sie hervorgestoßen wurden. [...] »Was fällt Ihnen ein!« rief sie. »Ich habe Eile!!« Und dabei schob sie mit der Linken den Kolben mitsamt dem verdutzten Unteroffizier beiseite und ging mitten zwischen den Gliedern hindurch, – ging geradeaus ihres Weges, bog linker Hand in die Universitätsstraße und entschwand den Blikken. (GKFA 4.1, 221 f.)

Im *Gabriele Reuter*-Essay hatte Thomas Mann noch über die »streitbaren Frauenzimmer der Neuzeit« gespottet, die nicht verstehen wollten, dass die »Sendung des weiblichen Genies« vor allem in Wagners »Trauender Liebe tiefstem Leiden« bestehe; und er hatte das Wort »Frauenrechtlerin« da noch in mokante Anführungszeichen gesetzt. Zu Immas, der bürgerlichen, der ausländischen, der fremdrassigen Frau, individueller Renitenz gegenüber den mannhaft uniformierten und in Reih und Glied paradierenden Repräsentanten des deutschen Obrigkeitsstaates – zu dieser Renitenz will der alte Spott nicht mehr passen. Und es bleibt keineswegs bei dieser einen Szene.

Immer wieder erweist sich Imma als eine Außenseiterin auch im Hinblick auf die *gender*-Erwartungen, mit denen die umgebende Hof- und Stadtgesellschaft sie konfrontiert. Schon in ihrer äußeren Erscheinung wirkt sie beinahe wie eine Figur aus Toni Schwabes Phantasie, nur dass sie als eine Frau der Tat auftritt, die das Leiden überwindet – und nicht mehr des Leidens, das die Tat verachtet oder scheut (oder aus Scheu verachtet). Von androgyner, ausdrücklich »pagenhafter« Erscheinung, mit Bewegungen von »spröder Pagen-Anmut« lebt sie mit Vorliebe in Zimmern von »herrenhaftem« Luxus und geht dort so dezidiert unweiblichen Neigungen nach wie dem Studium der Algebra. Androgyn ist ihr Zauber, wie derjenige der *Kleinen Meerfrau* Hans Christian Andersens, nach deren Modell sie auf weite Strecken gestaltet ist.

Von der einstigen *jewishness* der Figur ist trotz dieser Verschiebung mindestens ein Zug geblieben, der aufmerksamen Thomas-Mann-Lesern auffallen konnte; er hängt mit dem hellwachen Selbstbewusstsein unmittelbar zusammen. Man erinnere sich nur, welche Reden in *Wälsungenblut* (1906) die jüdische Verlobte des treudeutschen Herrn von Beckerath geführt hatte – »mundfertig und mit scharfer Zunge gesprochen, scheinbar im Angriff und doch vielleicht nur aus eingeborener Abwehr, verletzend und wahrscheinlich doch nur aus Freude am guten Wort«. Die jüdischen Zwillinge, die bis heute immer wieder als Kronzeugen für die antisemitischen Affekte des jungen Thomas Mann aufgerufen worden sind, sitzen dort

> tief und weich am Tische im Saal, in lässiger Haltung, mit launisch verwöhnten Mienen, sie saßen in üppiger Sicherheit, aber ihre Rede ging scharf wie dort, wo es gilt, wo Helligkeit, Härte und Notwehr und wachsamer Witz zum Leben geboten sind. (GKFA 2.1, 438)

So ruht ihr spöttischer Blick auf dem biederen Beckerath, und so wird er denn auch am Ende »beganeft, der Goy«.

Man sehe nun, wie in *Königliche Hoheit* die – in der publizierten Fassung – nicht mehr jüdische »Rassenmischung« Imma Spoelmann, die emanzipierte Amerikanerin, sich gegenüber dem deutschen Fürsten benimmt:

> Aber Imma Spoelmann saß weich in ihrem rotgoldenen Kleide am Tische im Saal, in lässiger Haltung, mit launisch verwöhnten Mienen, saß in üppiger Sicherheit, während ihre Rede scharf ging wie dort, wo es gilt, wo Helligkeit, Härte und wachsamer Witz zum Leben geboten sind. (GKFA 4.1, 258)

Imma wie Sieglind und überhaupt die Aarenholds reden so, weil die Ambivalenz des Stigmas ihre erste und bestimmende Lebens-Erfahrung darstellt: »Bestaunt, gehaßt und verachtet zu gleicher Zeit, halb Weltwunder und halb infam, so hatte sie gelebt«, heißt es nun von Imma, »und das hatte die Dornen in ihre Rede gebracht, jene Schärfe und spöttische Helligkeit, die Abwehr war, wenn sie Angriff schien« (292 f.). Es ist verblüffend zu sehen, wie das Judenmädchen und die deutschstämmige Dollarprinzessin einander bei näherem Hinsehen ähneln – bis zur Farbe ihrer Haut, die »wie angerauchter Meerschaum« aussieht.[9] (Auch Vater und Großvater Spoelmann weisen bei näherem Hinsehen einige Gemeinsamkeiten mit Vater Aarenhold auf, der ja »vermittelst einer kühnen und klugen Unternehmung, großartiger Machenschaften, welche ein Bergwerk, den Aufschluß eines Kohlenlagers zum Gegenstand gehabt hatten, einen gewaltigen und unversieglichen Goldstrom in seine Kasse gelenkt …« GKFA 2.1, 434 f.) Nur die *Bewertung* dieser Redeweise – explizit durch die anderen Figuren und den Erzähler, implizit durch den Text selbst – hat sich von *Wälsungenblut* zum Roman so entschieden vereindeutigt wie die Funktion dieser Reden, überhaupt dieses Verhaltensmusters, für den Fortgang des Geschehens. Sieglind und Siegmund bleiben, wie auch immer der Streit der Interpreten ausgehen mag, doch zutiefst ambivalente Gestalten; und Beckerath wird, verdient oder unverdient, an ihrer Helligkeit und Härte zuschanden. Anders Imma. Gerade *weil* sie so redet und entsprechend beherzt handelt, kann sie den verwunschenen Prinzen – und mit ihm auch sich selbst – aus der Isolation der stigmatisierten Existenz märchenhaft erlösen (und dem ganzen Land zur Wohlfahrt verhelfen).

Ganz geglückt ist Thomas Mann die Verwandlung Imma und Samuel Davidsohns in Imma und Samuel Spoelmann nicht – wenn er Anspielungen wie die Reminiszenzen an *Wälsungenblut* und den jüdischen Vornamen des Vaters nicht überhaupt absichtsvoll stehen gelassen hat. Der amerikanische Gelehrte Harvey W. Hewett-Thayer jedenfalls hat 1924, in einer größeren Studie über *The Modern German Novel*, mit kopfschüttelndem Unverständnis die in *Royal Highness* geschilderte Aufregung über die Rassenfrage notiert; allenfalls von »racial problems because of their negro blood« hätte er sich dergleichen in Amerika vorstellen können.

Schon gleich nach dem Erscheinen hatten einige der deutschen Rezensenten die *jewishness* der nicht mehr jüdischen Miss Spoelmann sehr genau wahrgenommen, mit dem bösen Blick und gierigen Spürsinn der antisemitischen Verschwörungstheoretiker. Allein die Thomas-Mann-Freundin Gabriele Reuter fand es da (in der Zeitung *Der Tag*) noch ganz selbstverständlich, dass Imma aus den USA nach Europa emigriere, »weil hier solche Rassengehässigkeiten noch unbekannt sind«. Da aber kennt sie Europa schlecht.

Gleich nebenan nämlich, in der *Deutschen Tageszeitung* (der »allerschlimmsten«, wie Thomas Mann an Heinrich schreibt)[10] entlarvt Otto Schmidt-Gibichenfels den Autor von *Königliche Hoheit* im November 1909 als einen »Vorkämpfer für jüdische Rassenpolitik«. »Vom Rassenstandpunkte« aus betrachtet er

den »von Juden und Judengenossen berühmt gemachten Thomas Mann« als »schöngeistigen Rassepolitiker«; dringend und
unerbittlich will er dessen »gerade uns Deutschen gefährliche
Giftmischereien [...] brandmarken«. In ausdrücklichem Protest gegen Gabriele Reuters liberale Lobrede sieht der Rassen-
kundler sowohl Thomas Mann als auch seine liberale Rezen-
sentin in den Reihen jener »Juden und Judenknechte«, die leider nicht zum Schweigen zu bringen seien, aber einmal doch
unerbittlich »an unserem Volk zuschanden werden« müssten.
Dass Imma in der veröffentlichten Fassung gar keine Jüdin
(mehr) ist, ändert an dieser Meinung wenig. Denn da sie ja doch
»alle vier verschiedenen Menschenrassen« in sich vereine, pro-
pagiere der Roman jedenfalls die Vermischung deutschen
»Schwertadels« mit jenen, die bereits jetzt »die Großstädte
finanziell, sittlich und rassenhaft in den Sumpf ziehen«.

Auch der völkische Kritikerführer Adolf Bartels blickte mit
Argusaugen auf den neuen Roman und die Physiognomie seines Autors. Zwar findet er (im *Deutschen Schrifttum* im April
1910) wieder »nur kreolisches Blut in [Thomas Manns] Adern«,
aber das im Verlagskatalog von S. Fischer anlässlich des Fürs-
tenromans gedruckte Autorporträt hat ihn dann doch, »wie ich
als ehrlicher Mann zu gestehen nicht unterlassen will, wieder
in die abgründigsten Zweifel gestürzt« – Zweifel, die durch die
Lektüre des Romans doch beseitigt worden sind. Habe schon
in *Buddenbrooks* »das jüdische Halbblut das alte deutsche Patri-
ziertum« besiegt, so erweise sich das neue Buch nun vollends
»als oratio pro populo iudaico«. Mit dem Scharfblick des Hasses nimmt Bartels wahr, worauf es Thomas Mann hier ange-
kommen war: »Samuel Spoelmann ist zwar nur Quarteron und
nicht Jude (wenn nicht der Samuel doch eine sanfte Hindeu-
tung auf jüdisch-deutsche Abkunft sein soll), aber es liegt ja
auf der Hand, daß wir Deutschen die von Mann dargestellte
Sanierung der Verhältnisse mit Juden machen müssen [...].«

Mit einem Wort: *Königliche Hoheit* »ist ein Roman für die literarisch Interessierten unter unseren Mitbürgern israelischer ›Konfession‹, wir Deutsche können mit einem Achselzucken über ihn hinweggehen«. (1933 wird Bartels sich, durch die Umstände ermuntert, in diesem Urteil bestätigt fühlen: »Ich glaube nicht, daß von ihm [Thomas Mann] irgend etwas bleibt.«)

Selbst diesen völkischen Kritikern aber ist entgangen, dass Imma Spoelmann keineswegs die – neben Doktor Sammet – einzige vormals als jüdisch konzipierte Außenseiterfigur in Thomas Manns Roman war. Auch hier lässt die langwierige Genealogie des Buches erkennen, welche grundlegende Bedeutung Thomas Mann »der Judenfrage« beimaß.

Wie Imma, so ist auch *Raoul Überbein* in der veröffentlichten Version des Romans durch unübersehbare physische Merkzeichen als Außenseiter markiert: »Er hatte einen roten Bart und eine grünlich-weiße Gesichtsfarbe zu wasserblauen Augen, spärliches rotes Haar und überaus häßliche, abstehende und nach oben spitz zulaufende Ohren. Aber seine Hände waren klein und zart.« Mit einem Wort: »Raoul Überbein war kein schöner Mann.« (GKFA 4.1, 88) Mit fast derselben Wendung hat Thomas Mann 1910 in seinem Essay *Der Doktor Lessing* den Literaturwissenschafter Samuel Lublinski charakterisiert – mit einem wesentlichen Zusatz: »Herr Lublinski ist kein schöner Mann, und er ist Jude. Aber […]«. Als Doktor Überbein noch den Namen »Hutzelbein« trug, nämlich bis unmittelbar vor der Drucklegung des Romans (und noch im Vorabdruck in der *Neuen Rundschau* ist der Name einmal unbemerkt stehen geblieben): Da war das lebensweltliche Modell auch *dieser* Gestalt ein Jude.

Für Thomas Manns Münchner Mitbürger war dieses Modell gerade aufgrund dieses Namens derart leicht wiederzuerkennen, dass schon deshalb für die veröffentlichte Fassung ein neuer gefunden werden musste.[11] Es handelte sich, wie wiederum Katia Mann dem Biographen Peter de Mendelssohn erläutert hat, um den in München »sehr bekannten praktischen Arzt« Maurice Hutzler, den »Sohn der jüdischen Deutsch-Amerikanerin Sarah Hutzler«. Thomas Mann kannte ihn aus jenen Kreisen, in die er durch Pringsheims eingeführt worden war –

> vermutlich durch Bernsteins,[12] mit denen Dr. Hutzler befreundet war; ja, es hieß sogar, es habe eine intime Beziehung zwischen ihm und Elsa Bernstein bestanden, die beide jedoch in bitterem Verzicht unterdrückten, um die Bernsteinsche Ehe nicht zu gefährden. Dieses Motiv übernahm Thomas Mann für seinen Dr. Hutzelbein, dessen äußere Erscheinung überdies dem Dr. Hutzler nachgebildet war, und fügte sie in Hutzelbein-Überbeins Vorgeschichte ein.[13]

Noch der Suizid des Lehrers wird im Roman demjenigen dieses Vorbildes nachgestaltet. Freilich, so offenkundig die Adaption von Lebensgeschichte und Namen erscheinen konnte, so unmissverständlich macht Thomas Mann aus der tragischen eine tragikomische Figur. Mit der Änderung des Namens »Hutzler« zu »Hutzelbein« wird schon in die Benennung dieser Figur wieder etwas von jener Ambivalenz eingetragen, von der hier im vorigen Kapitel die Rede war. Als einer, der sich verspottet weiß, ist dieser Eine gegenüber den anderen tragisch; als ein Verspotteter, im feindseligen Blick der anderen von außen, erscheint er komisch. Insofern Thomas Mann seine Romanfigur wie jenen realen Doktor Hutzler leben, leiden und sterben lässt, solidarisiert gewissermaßen sein Text sich mit ihm. Insofern er ihn als Hutzelbein denunziert, wiederholt er, im bösen Kalauer, die Stigmatisierung.

Mit dem Wandel von Hutzel- zu Überbein wird aus der jüdischen – oder jedenfalls einem wieder erkennbaren jüdischen Vorbild nachgestalteten – Figur ein Außenseiter des Erotischen, aufgrund seiner physischen Hässlichkeit wie aufgrund des daraus erworbenen und darauf reagierenden Einsamkeits- und Leistungspathos. Denn er ist ja im Roman gleichsam zur Personifikation der Forderung geworden, wer »Czar« sei, habe »allein« zu leben. Gegenüber jener Geliebten aus seiner Vorge- schichte, aber auch, auf andere Weise, gegenüber seinem Schützling erscheint er als der unglücklich Liebende. Wie im- mer erotisch dieser pädagogische Eros auch gelesen werden darf; die *Parallelisierung* der Märchenhochzeit Immas und Klaus Heinrichs mit dem Selbstmord Überbeins deutet strukturell ein Motiv an, das explizit unausgesprochen bleibt.

Die vierte und letzte jüdische Gestalt der Roman-Entwürfe ist der Kinderarzt Doktor Sammet; und die einzige, die sich auch in der veröffentlichten Version als Jude zu erkennen gibt. Den Namen »Sammet« hat Thomas Mann schon in den aller- frühesten, noch nicht einem bestimmten Vorhaben zugeord- neten Notizen vermerkt, mit dem Zusatz »(jüdisch)«; der Erzäh- ler von *Königliche Hoheit* spricht später von dem »unsympathi- schen Namen Sammet« (GKFA 2.1, 125). Und was auch an *diesem* »Namen als Stigma« gelten kann, das wird durch Sammets gehemmte, zögernde Redeweise, die sich durch das innehal- tende »Ja« ihrer selbst fortwährend vergewissern muss, in seinen charakteristischen Konnotationen gleichsam hörbar gemacht. Bedürfte es noch eines weiteren physischen »Merkzeichens sei- ner Art«, so wäre es sicher der »Schnurrbart, auf den seine Nase allzu flach abfiel«, dieses stehende Epitheton jüdischer Gestal- ten im Werk auch Thomas Manns. Und wie Hutzelbeins, so lie- ßen sich auch Dr. Sammets Gesichtszüge, Redeweise und Beruf für Münchner Leser (so rückblickend Katia Mann zu Peter de Mendelssohn) nur allzu leicht wiedererkennen. Sein Vorbild war der angesehene, von Thomas Mann gelegentlich konsul- tierte »Magen- und Darmspezialist Dr. Albert Loeb, der seine Praxis in der Theatinerstraße 40 in München hatte«.[14]

In den Vorarbeiten also waren es nicht weniger als vier Gestalten des Romans, die als »Ausnahmen und Sonderformen« in der einen oder anderen Weise auf Erfahrungen eines *jüdischen* Außenseiterdaseins bezogen waren: Imma Davis (Davidsohn), ihr Vater, Hutzel- / Überbein und Sammet; und alle vier ließen sich lesen als Fiktionalisierungen lebensweltlicher Vorbilder aus jüdischen Kreisen der Münchner Gesellschaft. Auch hier gehen die Romangestalten in keinem Fall in diesen Modellen auf (oder gar, wie Thomas Mann die Leser seines Essays *Bilse und ich* glauben machen wollte, umgekehrt). Aber was sie mit jenen gemeinsam haben, das sind einzelne Gesichtszüge, wieder erkennbare Redeweisen, Namensformen als Stigmata.

Geblieben ist von dieser jüdischen Figuren-Gruppe am Ende nur Sammet. Der Grund für diese Zurücknahme scheint mir vor allem darin zu liegen, dass – wie schon im Übergang vom aristokratisch-einsamen zum körperbehinderten Prinzen – mit dem Anwachsen des Romans die Erfahrungs- und Erscheinungsformen stigmatisierten Außenseitertums entschieden ausdifferenziert werden. Mit dem Wandel von Davidsohns zu Spoelmanns, zur Verkörperung einer »Rassenmischung« aus diversen europäischen und amerikanischen Nationen, werden die Figuren zum wandelnden Widerspruch gegen das dominierende Modell ethnisch homogener Nationalstaaten – so wie die zunehmend herausgearbeiteten Züge Immas als einer emanzipierten Amerikanerin der monarchistischen Kleinstaats-Gesellschaft widersprechen.

Diese Reduktion der Gruppe auf eine einzige Figur bedeutet nun aber keineswegs eine Reduktion der jüdischen Außenseiter-Erfahrung, die doch zur Grundkonzeption gehört hatte. Geradezu kompensatorisch nämlich geht mit ihr eine Hervorhebung Doktor Sammets einher – zunächst, insofern er schon im ersten Kapitel zum stellvertretenden Sprecher aller bis dahin aufgetretenen und künftig noch auftretenden Außenseiter

wird, buchstäblich zum »erhöhten Statthalter all derer, welche
in irgend einem Sinne ›schwarz‹ sind«.[15] Andererseits, insofern er
nun mehr oder weniger auffällig an Knotenpunkten des Geschehens eingeführt wird, als stummer Begleiter oder reflektieren-
der Raisonneur, von Klaus Heinrichs Geburt bis zu seiner sinn-
fälligen Sozialisierung in der Kinderklinik, deren Leiter er ja ist.

Eines der Notizblätter zu *Königliche Hoheit* resümiert, was
sich hier vollzogen hat, in der ersten Person Singular und in
Formulierungen, die dann im Text des Romans als Figurenrede
Überbeins und noch im *Judenfrage*-Essay als Äußerungen Thomas Manns wiederkehren werden – ein Bekenntnis zur Gemeinsamkeit mit den Stigmatisierten:

> Ich liebe das Außerordentliche in jeder Gestalt und jedem
> Sinne. Ich liebe die Gezeichneten, die mit dem Pathos der
> Ausnahme im Herzen, Alle, von welchen das Volk in irgend
> einem Sinne spricht: »Es sind *schließlich* auch Menschen.«
> (GKFA 4.2, 409)

Den »Juden« und »Frauen« also treten in der Genealogie des
Romans andere »Gezeichnete« an die Seite, körperlich (Klaus
Heinrich) oder geistig Behinderte (Gräfin Löwenjoul), sozial
Deklassierte (die Kinder) und ›rassisch‹ Ausgegrenzte (Imma
und Samuel Spoelmann) – allein die »Literaten« verblassen.
Welch ein Wechsel: Ausgerechnet in diesem Roman, der einmal
als allegorische Künstler-Erzählung konzipiert worden war,
spielt die »Künstler«-Problematik keine signifikante Rolle
mehr. Zwar ist in Klaus Heinrichs schauspielerhafter Repräsentationskunst noch immer die selbstironische Karikatur zu erkennen, auf die die frühesten Motiv-Einfälle gezielt hatten.
Doch schon diese Schilderung des »hohen Berufs« ist mitbestimmt von neuen und anderen Problemen (und in der zeitgenössischen Rezeption denn auch ganz überwiegend als politische Satire beanstandet oder begrüßt worden). So weit hat
der Roman sich von der Fixierung auf die alten *Tonio Kröger-*

Dichotomien gelöst, dass er es sich nun sogar leisten kann, den realen Prinzen in einer romantisch-selbstironischen Wendung mit seinem vormaligen Urbild zu konfrontieren: dem Literaten als einer halb armseligen (und insofern in die Reihe der traurigen Außenseiter eintretenden), halb lächerlichen Gestalt.

Dieser Herr Martini, der, während ihm die ungesunde Röte über den Wangenhöhlen glomm, beständig rief: »Wie ist das Leben so stark und schön!«, jedoch um zehn Uhr vorsichtig zu Bette ging, sich aus hygienischen Gründen, wie er sagte, dem Leben verschloß und jede ernsthafte Verbindung mit demselben mied, – dieser Dichter mit seinem schadhaften Kragen, seinen tränenden Augen und seinem Neid auf den jungen Weber, der mit Bauernmädchen über Land sauste: er weckte geteilte Empfindungen, es war schwer, eine feste Meinung über ihn zu gewinnen. Klaus Heinrich gab dem Ausdruck, als er seiner Schwester von der Begegnung erzählte, indem er sagte: »Er hat es nicht bequem und nicht leicht, das sieht man wohl, und das muß ja gewiß für ihn einnehmen. Aber ich weiß doch nicht, ob ich mich freuen kann, ihn kennen gelernt zu haben, denn er hat etwas Abschreckendes, Ditlinde, ja, er ist bei all dem entschieden ein bißchen widerlich.« (GKFA 4.1, 199)

Was an *Königliche Hoheit* einmal Künstler-Allegorie hatte sein sollen, ist mit dieser Selbstpersiflage [16] ans Ende gelangt. Was stattdessen in immer größerer Differenzierung und Tiefenschärfe hervorgetreten ist, das ist die Mannigfaltigkeit der Stigmatisierungs-Erfahrungen. Und es ist – und damit kehren wir endgültig zur letzten Fassung des Romans zurück – die Geschichte einer *gemeinsamen Emanzipation*.

8. Strenges Glück

Wenn es eine *Entwicklung* der Außenseiter-Gestalten in diesem Roman gibt, dann ist sie identisch mit ihrer wachsenden Aufmerksamkeit füreinander: Aneinander erkennen sie, erstaunt oder beschämt, die gemeinsamen Grundbedingungen ihres Daseins, die strukturellen Analogien; und sie erlernen Rücksicht, Achtung, Liebe. Dies erst ist das keineswegs sonderlich sentimentale, sondern doch ziemlich »strenge Glück«.

Es lohnt, sich hier noch einmal Thomas Manns rückblickende Bemerkungen zum doppelsinnigen Romantitel vor Augen zu halten: dies sei eine »Formel für jede Außerordentlichkeit, jede Art melancholischen Sonderfalls [...] – mit einem Wort zur Formel der *Einsamkeit*« (GW XI, 580). Und er hat dann hinzugefügt: »die denn also in dem Roman ihre Erlösung, ihren Weg zum Leben und zur Menschlichkeit findet durch die Liebe.« Von den frühesten Rezensionen bis zur jüngsten Thomas-Mann-Forschung hat sich die Ansicht durchgesetzt, dass die Liebe in dieser Liebesgeschichte sich im Wesentlichen zwischen Klaus Heinrich und Imma ereigne, zwischen dem europäischen Prinzen und der amerikanischen Dollarprinzessin; und diese so selbstverständliche und darum unbefragte Gewissheit hat dem Ruf des Romans, zurückhaltend formuliert, nicht genützt. Dass Thomas Mann selbst, in einem Brief an Heinrich, vertraulich den »etwas populär verlogenen Schluß« seiner Prinzengeschichte eingestand, machte die Sache nicht besser, aber noch klarer. Doch bevor es zu diesem Schluss kommt, zur Märchenhochzeit im Königsschloss, haben sich ja immerhin schon einige Liebesdinge zugetragen. Ließe man also versuchsweise einmal die letzten Seiten beiseite und nähme den Weg in den Blick, der dorthin führt – was für eine Art von Liebe käme dann eigentlich zum Vorschein, und zwischen welchen Figuren?

So beiläufig, dass diese Mitteilung von anderen übertönt wird, erfahren die Leser, dass der Hauslehrer Überbein schon vor langer Zeit »die Bekanntschaft eines jungen Mannes gemacht [hatte], – etliche Jahre älter als er, aber in ähnlicher Lage und ebenfalls ein Malheur von Geburt, insofern er ein Jude war. […] Sammet war sein Name, Medicinae Doctor« (GKFA 4.1, 91). Geradezu »von seinem [Überbeins] *Bündnis* mit Doktor Sammet« spricht Klaus Heinrich gegenüber Imma (286; meine Hervorhebung). Und dies bleibt nicht das einzige Bündnis, im Gegenteil.

Wie Sammet und Überbein voneinander begreifen, dass sie sich – bei allen offenkundigen Unterschieden ihrer Charaktere, ihrer Gesinnungen und, notabene, ihrer Körper – »in ähnlicher Lage« befinden: so haben sich, in einem mühsamen Prozess, ja auch Imma und die Gräfin Löwenjoul einander angenähert, indem sie jenseits der Differenz ihrer Stigmata die Gemeinsamkeit der Stigmatisierung erkannten. Und so kann auch die Liebesgeschichte erst in dem Augenblick wieder beruhigt ins bittersüße Genre zurückgleiten, in dem Imma den einsamen und »in sich selbst verstrickten« Prinzen gelehrt hat, diese Geistesgestörte und den misanthropisch-leidenden Vater Spoelmann und die Kinder im Spital und endlich auch sie selbst – abermals bei allen Unterschieden ihrer Charaktere, ihrer Gesinnungen und Körper – im Hinblick auf ihre Stigmatisierungen als seinesgleichen wahrzunehmen.

Gemeinsam ist all diesen sonst so unterschiedlichen Gestalten die *Erfahrung* prinzipiell desselben Außenseitertums. Gemeinsam ist ihnen die produktive *Reaktion* darauf, der (wie bei Friedemann unausweichliche, ihnen aufgezwungene, nur durch Selbstverleugnung oder Selbstzerstörung zu umgehende) Entschluss, »nicht nach der Art seiner Sonderstellung zu fragen, sondern in der Auszeichnung das Wesentliche zu sehen und jedenfalls eine außerordentliche Verpflichtung daraus abzuleiten«.[17] Und gemeinsam ist ihnen der Zwang zur Notwehr. Überbeins Hochmut und Sammets Ehrgeiz, Immas aggressive Ironie und noch die heimlich kalkulierte »Wohltat« der Absencen und Wahnzustände, denen die traumatisierte Gräfin Löwenjoul vorübergehende Entlastung verdankt: so grundverschieden diese Haltungen und Verhaltensweisen erscheinen, so demonstrativ entwickeln sie sich in dieser Roman-Welt überall »dort, wo es gilt, wo Helligkeit, Härte und wachsamer Witz zum Leben geboten sind«.[18]

Die alte, gequälte Frage, ob Leute, die »in irgendeinem Sinne ›schwarz‹ sind«, überhaupt gut daran täten, »sich zu vermählen«, wird im Zuge dieser Bildungs- als Sozialisierungsgeschichte suspendiert durch die Frage, wie vermittels dieser Vermählung aus den vereinzelten Vielen eine Gemeinsamkeit der Vielfältigen zu entwickeln wäre. Und da kommen dann auf einmal auch so gänzlich unromantische Gegenstände ins Spiel wie Sozialfürsorge, Volkswirtschaft, Sozialpolitik. Das strenge, das immer etwas angestrengte Glück: Es ist die feierliche Formel für dieses bei aller Vagheit doch eigentlich ganz sachliche Konzept. So unbeholfen, so naiv das alles gedacht und zuweilen auch erzählt ist (und so dankbar es sich des Märchenhaften als eines Vorwands für den Verzicht auf politische Konkretisierungen bedienen kann), so ernsthaft ist es bemüht, aus dem Privaten und Anekdotischen heraus ein Modell wenigstens anzudeuten, das der Gemeinsamkeit der Außenseiter eine soziale Gestalt geben könnte.

Es gehört zur Ernsthaftigkeit dieser Erzählversuche, dass sie auch das Scheitern nicht aussparen. Zwei Außenseiter aus der großen Galerie gehen im Laufe des Romans unerlöst zugrunde: Klaus Heinrichs in seinem Hochmut gefangener und unglücklich verliebter Lehrer Raoul Überbein, dessen Selbstmord Thomas Mann hartnäckig gegen Bedenken seines Verlegers verteidigt hat. Mit der Märchenhochzeit unübersehbar parallelisiert, zeigt er den Preis, der hier für das strenge Glück bezahlt wird, zeigt also nicht nur den abstrakten Abschied vom einen, elitären Einsamkeits-Konzept zugunsten des anderen – sondern auch den leibhaftigen Verlierer, den Verlierer in seiner traurigen Leibhaftigkeit. Auf weniger dramatische Weise scheitert auch Albrecht II., dieser unverbesserliche Künstler-Aristokrat, der in sich selbst verstrickt bleibt. Ihm steht am Ende kein anderer Weg offen als der entsagende Rückzug – mit der praktischen Konsequenz, dass er, wie der Dichter Martini, aus der erzählten Welt des Romans weitgehend verschwindet.

Erst in diesem weitläufigen und nicht widerspruchsfreien Kontext gewinnt dann auch die ›eigentliche‹, die romanhafte, erotische Liebe zwischen Prinz und Prinzessin ihre spezifischen Konturen: als die Geschichte einer gemeinsamen Emanzipation, einer Emanzipation zur Gemeinsamkeit.

Zwar geht die Mitleids- als Amfortasfrage, die hier die Erlösung herbeiführt, von *einer* Figur aus. Aber die Erlösung, die sie bewirkt, geben sich auch hier die beiden Figuren gegenseitig. Die Szene, in der dieses Geschehen kulminiert, hat es in Thomas Manns Frühwerk schon einmal gegeben, in der allerersten seiner Stigmatisierungsgeschichten nämlich, im Schlusskapitel des *Kleinen Herrn Friedemann*. Schon hier ist es die so lange vergebens ersehnte Geliebte, die von sich aus das Wort an den Liebenden richtet und anspricht, was immer unaussprechlich war, den verkehrten Körper:

Sie schwiegen beide eine Weile und blickten auf das Wasser. Dann aber horchte er ganz erschüttert, denn der Ton, den er vor einer Woche vernommen, dieser leise, nachdenkliche und sanfte Ton berührte ihn wieder:

»Seit wann haben Sie Ihr Gebrechen, Herr Friedemann?« fragte sie. »Sind Sie damit geboren?«

Er schluckte hinunter, denn die Kehle war ihm wie zugeschnürt. Dann antwortete er leise und artig:

»Nein, gnädige Frau. Als kleines Kind ließ man mich zu Boden fallen; daher stammt es.«

Und nun, nachdem man die Sprache wiedergefunden hat, beginnt auch Gerda von Rinnlingen, von ihrem Gebrechen zu reden. »Ich verstehe mich ein wenig auf das Unglück«, sagt sie. Dies ist der Augenblick, in dem es zu einer gegenseitigen Verständigung kommen könnte, zur wechselseitigen Erkenntnis der Einzelgänger. Doch nun ist es das Pathos der Einsamkeit, die Ambivalenz des Stigmatisierten zwischen Widerstand aus internalisierter Aggression und Selbstekel, die unwiderstehlich alles zunichte macht:

Dann aber bebte er plötzlich auf seinem Sitze in die Höhe, schluchzte auf, stieß einen Laut aus, einen Klagelaut, der doch zugleich etwas Erlösendes hatte, und sank langsam vor ihr zu Boden. Er hatte mit seiner Hand die ihre berührt, die neben ihm auf der Bank geruht hatte, und während er sie nun festhielt, während er auch die andere ergriff, während dieser kleine, gänzlich verwachsene Mensch zitternd und zuckend vor ihr auf den Knien lag und sein Gesicht in ihren Schoß drückte, stammelte er mit einer unmenschlichen, keuchenden Stimme:

»Sie wissen es ja ... Laß mich ... Ich kann nicht mehr ... Mein Gott ... Mein Gott ...« (GKFA 2.1, 117 f.)

Jäh zurückgestoßen, gepackt von »irrsinniger Wut« und einem »Ekel vielleicht vor sich selbst«, wird der schon zuvor »hündisch« Erniedrigte nun vollends »unmenschlich«, lässt sich wie ein Tier ins Wasser gleiten und verreckt.

Ausgerechnet diese Szene, gerade diese Szene ist es, die in der Prinzengeschichte ein Jahrzehnt später wieder aufgenommen und umgeschrieben wird; nur ein wenig abgemildert in der Drastik, mit der die Missbildung wie der Umgang mit ihr geschildert wird. In Imma Spoelmanns Bibliothek, die sie ihre »Eremitage« nennt, kommt es zu einem vertraulichen Gespräch, das seinerseits (wie Thomas Manns im Romankonvolut aufbewahrte Briefe an Katia andeuten) auf Autobiographisches zurückgeht:

> »Haben Sie das da seit Ihrer Geburt?« fragte sie leise.
>
> Er erbleichte. Aber mit einem Laut, der wie ein Laut der Erlösung klang, sank er vor ihr nieder, indem er die seltsame Gestalt mit beiden Armen umschlang. Da lag er, in seinen weißen Hosen und seinem blau und roten Rock mit den Majorsraupen auf den schmalen Schultern.
>
> »Kleine Schwester ...«, sagte er. »Kleine Schwester ...«
>
> Sie antwortete mit vorgeschobenen Lippen: »Haltung, Prinz. Ich bin der Meinung, daß es nicht erlaubt ist, sich gehen zu lassen, sondern daß man unter allen Umständen Haltung bewahren muß.«
>
> Aber hingegeben und mit blinden Augen das Gesicht zu ihr emporgewandt, sagte er nichts als: »Imma ... kleine Imma ...«
>
> Da nahm sie seine Hand, die linke, verkümmerte, das Gebrechen, die Hemmung bei seinem hohen Beruf, die er von Jugend auf mit Kunst und Wachsinn zu verbergen gewöhnt war, – nahm sie und küßte sie. (GKFA 4.1, 313)

Diese Szene, nicht die Märchenhochzeit am Schluss, ist das *happy end* dieser Geschichte – und der ihr vorausgegangenen. Sie ist gerade deshalb *happy*, weil sie nicht das *end* ist, sondern die Voraussetzung einer keineswegs einfachen und konfliktfreien, vielmehr mühevollen und langwierigen Sozialisierung der beiden Außenseiter mit- und füreinander, und mit ihrer Öffnung für eine soziale Welt, die weiter reicht als ihre Thronsäle und Studierzimmer.

So ist aus der allegorischen Künstlernovelle am Ende *Königliche Hoheit* geworden, der Roman der »Juden, Frauen und Litteraten«. Am Anfang stand der einsame Prinz, am Ende steht Klaus Heinrich, primus inter pares. Am Anfang der Außenseiter als Fürst, am Ende der Fürst der Außenseiter.

9. Erlösung den Erlösern

Der »erste Roman, den der Dichter seit den Buddenbrooks geschrieben hat«, erfuhren die Leser der *Neuen Rundschau* zu Weihnachten 1907, sei »ein Fürstenroman«. Und der anonyme Verfasser fügte hinzu, die Geschichte sei »romantisch zwar nur in Hinsicht auf ihre abentheuerliche Fabel und nicht in irgend einem reaktionären Sinne«, aber sie sei doch »ein Märchen: das Märchen von der Form und von der Sehnsucht, von der Repräsentation und vom Leben, von der Hoheit und vom Glück«.

Thomas Mann selbst hat diesen Werbetext für einen noch längst nicht abgeschlossenen Roman geschrieben, als Vertröstung eines zunehmend ungeduldigen Publikums und wohl auch ein wenig als Selbstermutigung (GKFA 14.1, 180). Dass die Geschichte vom »einsamen Prinzen« und einer »besonderen Art von Prinzessin« etwas mit ihm selbst zu tun hatte, signalisierte genau gleichzeitig das mit seinem Namen unterzeichnete Porträt in der Zeitungs-Serie *Im Spiegel* (im *Literarischen Echo* vom Dezember 1907). Dort sprach Thomas Mann von einer »dunklen und schimpflichen Vergangenheit« und seinem gegenwärtigen Glanz und Glück: Er sei nun vermählt, »habe eine außerordentlich schöne junge Frau, – eine *Prinzessin von einer Frau*« (GKFA 14.1, 181, 183; meine Hervorhebung). Und in dem für die Veröffentlichung dann doch gestrichenen ersten Satz hatte es zunächst sogar, mit noch deutlicherem Hinweis auf den entstehenden Roman, geheißen: »Niemand sage, daß sich keine Märchen mehr begeben: Ich lache in mich hinein und weiß es besser.« (GKFA 14.2, 245)

Ein Märchen-Roman also, der die Spannungen von »romantischer« Fabel und Abkehr von »reaktionärer« Romantik wenn nicht auflösen, so doch jedenfalls transponieren sollte in die spannungsvolle Einheit eines gemischten Genres. Mit Recht musste man neugierig darauf sein, wie so etwas aussehen sollte.

Unter den Märchen, die schon in den Ansätzen zur frühen Fassung von 1906/07 anklangen, war auch Charles Perraults klassische Geschichte vom hässlichen und klugen *Riquet à la Houppe*, der am Ende dennoch die Königstochter gewinnt. Klaus Heinrich machte sich dort seine Gedanken dazu. »Er selbst war hübsch, wie man sagte. Aber er fühlte sehr, daß es einem Prinzen wohl anstehe, häßlich und geistreich zu sein...« (GKFA 4.2, 558) Das bleibt hier noch ein beiläufiger Gedanke, mehr nicht. Er wird ebenso beiläufig eingespielt wie die Angst der in den Schlossgewölben verirrten Geschwister Klaus Heinrich und Ditlinde, »sie würden niemals den Weg finden [...] und Hungers sterben« (GKFA 4.1, 74): eine wörtlich aus Grimms Märchen von *Hänsel und Gretel* entlehnte Wendung und diskret-ironische Reminiszenz, die beiläufige Akzentuierung einer märchenhaften Atmosphäre, die dann umso effektvoller durch die Begegnung mit einem realen Menschen aus dem realen »Volk« gestört werden wird.

Es bedeutet nun eine, vielleicht *die* entscheidende Wende in der Konzeption des Protagonisten und infolgedessen des gesamten Romans, dass Perraults Märchen beim Wort genommen wird, dass sich die Metapher gleichsam materialisiert, wenn das soziale Außenseitertum der frühen Fassung sich verwandelt ins physische Stigma. Das eigentlich dominierende Modell für die Kombination aus verkümmerter Extremität, kalter Isolation und soldatisch-tapferer Haltung aber – dieses Modell findet sich nicht bei Perrault, sondern bei Thomas Manns lebenslangem Lieblingsautor.

Seine amerikanischen Leser machte Thomas Mann 1939 vorsichtshalber ganz ausdrücklich darauf aufmerksam, dass sein Roman-Prinz (an dem »der berühmte verkümmerte Arm« und die »Haltung« hervorgehoben werden) »mehr an Andersens Standhaften Zinnsoldaten als an Wilhelms Barock-Gebärde erinnert« (GW XI, 575). In der Tat. Auch der standhafte Zinnsoldat ist ja gewissermaßen falsch zur Welt gekommen, ist von Geburt an, ohne seine Schuld und sein Zutun, stigmatisiert und eigentlich zur Ausübung seines hohen Berufs unfähig. Gerade dies aber zwingt ihn zu besonderen Anstrengungen, die Form zu wahren; gerade der Makel macht ihn standhaft und tapfer. Einmal ist er »nahe daran, Zinn zu weinen, aber das gehörte sich nicht«. In der in Thomas Manns Bibliothek erhaltenen Andersen-Ausgabe ist zu lesen: »[...] nur ein einziger [Zinnsoldat] war zuletzt gegossen und da hatte das Zinn nicht ausgereicht; doch stand er eben so fest und sicher auf seinem einen Beine, als die andern auf ihren zweien«.

Dieses Märchen unterscheidet sich nun in zweierlei Hinsicht von denen Perraults und der Brüder Grimm. Dem Romanautor, der gerade für *dieses* Buch proklamierte, man könne es nicht unter Absehung von seinen biographischen Umständen verstehen, bedeutete es ein resümierendes Symbol seiner Lebens-Konflikte. In einem Brief anlässlich seines achtzigsten Geburtstags hat er im Rückblick bemerkt:

> Immer habe ich eine Vorliebe gehabt für Andersens Märchen vom »Standhaften Zinnsoldaten.« Es ist im Grunde das Symbol meines Lebens. (Am 9. Februar 1955 an Agnes E. Meyer; TM / AM, 796 f.)

Damit aber dekoriert dieses Märchen nicht nur, was auch anderweitig gesagt werden konnte, sondern wird zum organisierenden »Symbol« auch des Romangeschehens – schon der Roman-Titel selbst ist ja genau genommen eine Paraphrase des Märchentitels.

Und in diesem Geschehen nun bleibt die Funktion des Prätextes nicht mehr allein auf die Figur des einen Helden beschränkt. Nicht nur den »Prinzen mit einer Hand« (GKFA 4.1, 36) also präformiert Andersens Märchen vom Zinnsoldaten mit dem einen Bein – sondern auch die junge Frau, in deren Außenseitertum er das eigene wiedererkennt, und damit schließlich

auch die Liebesgeschichte zwischen ihnen. Man erinnere sich:
In Andersens Märchen ist da ja auch noch die hübsche kleine
Tänzerin in ihrem Spielzeug-»Schloss von Papier« auf der An-
richte im Wohnzimmer. Weil sie immer nur auf einem Bein
steht, glaubt der erstaunte Zinnsoldat, »daß sie, wie er, nur ein
Bein habe« und aus dieser Lage das Beste mache; in ihrem Fall
nicht durch soldatische Tapferkeit, sondern durch die Grazie
der Kunst: »sie war auch standhaft. Das rührte den Zinnsoldaten.«

Der Einfall, den Prinzen mit einer Körperbehinderung zur
Welt kommen zu lassen, und die Entscheidung für ein Zwitter-
Genre namens »Märchen-Roman«: In der Folge dieser doppelten Modifikation verändert sich die gesamte erzählte Welt. Aus
der allegorischen Erzählung von der Einsamkeit des Künstlers
als eines »Fürsten, der in Zivil durch eine Volksmenge schrei-
tet«, wird der Gesellschafts-Roman einer ganzen Schar einbei-
niger Zinnsoldaten.

Nun bleibt es nicht bei diesem einen Märchen in Thomas
Manns romanhafter Andersen-Adaption. »Kleine Schwester«,
nennt Klaus Heinrich seine Geliebte in der eigenwilligen Lie-
bes-Szene; und der Ausdruck wird mehrmals variiert, ein Leit-
motiv auch dies. Wie sieht die Schwester dieses Zinnsoldaten
aus? »Die Haut ihrer Arme und ihres Halses«, liest man,

> erschien bräunlich wie angerauchter Meerschaum gegen die
> Weiße des Kleides; ihre übergroßen und glänzend ernsten
> Augen in dem seltsamen Kindergesichtchen redeten eine
> fließende und unaufhaltsame Sprache, und eine glatte
> Strähne ihres blauschwarzen Haares fiel seitwärts in ihre
> Stirn. (GKFA 4.1, 312)

Lauter beiläufige Vergleiche, so scheint es, die den körperlichen
Liebreiz und – wie die auf Sieglind Aarenhold verweisende
Hautfarbe – die exotische Fremdheit der Ausländerin anschau-
lich machen. Aber sie werden den gesamten Roman hindurch,

bis an den Rand der Aufdringlichkeit, leitmotivisch variiert. Stets also gehören zu Imma, diesem »Fürsten- oder Feenkind aus Fabelland«, die »dunkel fließende Sprache« ihrer Augen oder ihres Mundes, das »blauschwarze« Haar, das »glänzend [...] zu beiden Seiten von ihrem Scheitel hinabfloß«, stets ist ihre Haut wie »Meerschaum« gefärbt oder erinnert an die »Blässe der Perlen«; und natürlich trägt sie ein »Kleid aus seegrüner, glänzender Seide«. Der Wintergarten, in dem Klaus Heinrich ihr im Schloss »Delphinenort« begegnet, erinnert an einen unterseeischen Garten: ein »gläsernes Gewölbe, dessen Boden mit [...] spiegelnden Marmorfliesen belegt war«, in dem »das sanfte Plätschern fallenden Wassers« und das Rieseln »silberner Quellen« erklingen, Enten »auf der durchleuchteten Wasserfläche« schwimmen (241 f.).

Andersens *Kleine Seejungfrau*, die Tochter des mächtigen Meerkönigs und die kleinste Schwester in der Reihe der Meeresprinzessinnen, wird später in *Doktor Faustus* wiederkehren, dem großen Altersroman, dessen früheste Planungen aber bereits in ebendas Jahr 1903 fallen. Dort wird dann Adrian Leverkühn – zugleich Verkörperung des modernen Künstlers und eines romantischen Deutschland, das den Teufelspakt mit dem Faschismus schließt – die Andersen'sche Seejungfrau »seine Schwester in der Trübsal« nennen (GW VI, 457). Ihre Schönheit, ihre angeborene aristokratische Natur und ihr unvergleichlich ausdrucksvoller Tanz vermögen niemals die Einsamkeit aufzuheben, die sie in der ihr wesensfremden Sphäre der Menschenwelt umgibt. Diese Einsamkeit hat deutlich erotische Untertöne. Die schöne Prinzessin darf ihrem Märchenprinzen ausdrücklich »in Männerkleidern« folgen (Andersen hat an dieser Passage in seiner Handschrift lange gefeilt), und sie hat, um überhaupt Zugang zu ihm gewinnen zu können, den angeborenen Körper durch die mit allen Merkmalen gefährdender Sexualität ausgestattete Meerhexe verändern lassen: Mit zwei

gehexten Menschen-Beinen kann sie nun wie ein Mensch unter Menschen verkehren, zugleich aber ist ebendeshalb jeder
Schritt für sie wie ein Gang auf Messern. Und der Preis, den sie
für diese Anpassung zu entrichten hat, ist das Sprechverbot: Als
Preis für die operative Umwandlung ihres Unterleibs muss sie
ihre Zunge hingeben. So wird sie nicht einmal ihre Liebe zum
Geliebten aussprechen können, sondern sich ihm nur stumm
mitteilen können, durch den Tanz, durch die Kunst – die aber
versteht er nicht und heiratet die andere, die Falsche. »Sprechen, das konnte sie ja nicht«, heißt es in Andersens Text; und
in Thomas Manns Exemplar findet sich an dieser Stelle [19] die
einzige Anstreichung im ganzen Band, ein rotes Kreuzchen.

Im Licht des ursprünglichen Märchens wird auch in diesem
Fall durch die expliziten Details hindurch ein impliziter Ver-
weisungszusammenhang erkennbar. Das »Meerschaum«-Mo-
tiv betont ja nicht lediglich das Element, dem diese Unglück-
liche entstammt, sondern mehr noch das traurige Ende, das sie
nehmen muss. Da der geliebte Prinz sie verschmäht, muss sie
sich auflösen in »Schaum auf dem Meere«. Anstelle des ersehnten Lebens auf dem festen Lande der Menschen, in der Gemeinschaft mit ihrem Geliebten, bleibt ihr nur der Aufstieg in die
luftig-kühle Sphäre eines dritten Elements. So steigt sie am
Ende des Märchens empor zu den »Töchtern der Luft«.

Es ist überraschend zu sehen, wie Thomas Mann selbst diese
Schlusswendung noch in seine psychologisch-realistische Romanwelt transponiert und ins Motivgeflecht verwebt. Die
emanzipierte Amerikanerin betreibt, wie wir sahen, am liebs-
ten Algebra; eine »algebraische Tochter« nennt Prinzessin Ditlinde sie mit sanftem Spott. Sie selbst erläutert ihre sonderbare
Vorliebe mit anderen Worten: »Ich weiß nichts Hübscheres«,
gesteht sie Klaus Heinrich. »Man spielt in den Lüften, sozusa-
gen, oder schon außerhalb der Luft, in staubfreier Gegend jedenfalls.« (250) In einem späteren Gespräch wird das fast wört-

lich wieder aufgenommen – und ausdrücklich auf die Lieblosigkeit auch *dieses* Lebens bezogen, wird also der Einsamkeit des Zinnsoldaten genau komplementär gegenübergestellt. Es war, gesteht Imma, »ein etwas vorgeschobenes und der Erörterung ausgesetztes Dasein, das wir führten.‹ ›Und zwischendurch‹, sagte er, ›spielten Sie in den Lüften, nicht wahr, oder schon außerhalb der Luft, in staubfreier Gegend ...‹ ›So tat ich«, antwortet sie, »Euere Hoheit erfreuen sich eines überaus offenen Kopfes.«« (282)

Aber ein Königsspross aus dem falschen Element, der an der Unvereinbarkeit seiner angeborenen Natur mit den Erfordernissen des von ihm ersehnten Lebens zugrunde zu gehen droht – das ist ja auf seine Weise auch Klaus Heinrich. Und tatsächlich ist das *Seejungfrau*-Märchen schon zu Beginn des Romans eingeführt worden, nur vorerst bezogen allein auf die fürstlichen Geschwister Klaus Heinrich und Ditlinde. Beide führen ein Leben, liest man, wie »die kleine Meernixe in dem Märchen«.

Meerfrau und Zinnsoldat: Beide sind sie erlösungsbedürftige Figuren, und beide gehen unerlöst zugrunde. Dass es im Roman ein wunderbar anderes Ende mit ihnen nimmt, auch das ergibt sich aus einem Märchen von Andersen: dem dritten, das hier strukturbildend adaptiert wird; dem einen, das die beiden anderen integriert und versöhnt. Noch deutlicher als im Fall des *Zinnsoldaten* macht das Zitierte sich hier selbständig und entfaltet ein Eigenleben. In seinem symbolischen Zentrum wird ein psychologisch sehr konkretes, aber heilbares Leiden sichtbar: die Verlassenheit des ungeliebten Kindes einer narzisstischen Mutter und eines schwachen Vaters.

Sehen wir uns die Szene genauer an. Klaus Heinrich, kaum halbwüchsig, durchwandert allein das elterliche Schloss:

Es war Winter und kalt, seine kleinen Schuhe spiegelten sich in dem glasig hellen, durch gelbliche Einlagen in große Vierecke geteilten Parkett, das sich wie eine Eisfläche vor ihm

ausbreitete. [...] Breite, versilberte, mit weißer, zerschlissener Seide bespannte Armstühle umgaben dort hinten die
kalte Feuerstelle. [...] Strenger und leerer Prunk herrschte
hier und ein förmliches Gleichmaß der Anordnung, das rein
von Zweck und Bequemlichkeit sich selbstgenügsam darstellte ... ein hoher und angespannter Dienst, ohne Zweifel,
der weit entfernt schien, leicht und behaglich zu sein, der
dich auf Haltung und Zucht und beherrschte Entsagung
verpflichtete, doch dessen Gegenstand ohne Namen war.
Und es war kalt in dem silbernen Kerzensaal, wie in dem der
Schneekönigin, wo die Herzen der Kinder erstarren. (62 f.)

Es ist buchstäblich der Palast der *Schneekönigin*, in den es dieses
Kind verschlagen hat. In Andersens Märchen wird das Schloss,
in dem der kleine Kay gefangen ist, so geschildert:

Des Schlosses Wände waren gebildet von treibendem
Schnee, und Fenster und Thüren von den schneidenden
Winden; es waren über hundert Säle darin, alle, wie sie der
Schnee zusammenwehte; der größte erstreckte sich mehrere
Meilen lang; das starke Nordlicht beleuchtete sie alle, und
wie groß und leer, wie eisig kalt und glänzend waren sie! [...]
Mitten in diesem unendlichen leeren Schneesaale war ein
zugefrorner See, der war in tausend Stücke zersprungen;
aber jedes Stück war dem andern gleich, daß es ein vollkommenes Kunstwerk war [...]. Der kleine Kay war blau vor Kälte
[...] und sein Herz glich einem Eisklumpen.[20]

Kälte: dieses zentrale Motiv von Thomas Manns Werk, bis hinein eben in den *Doktor Faustus* – hier hat es seine archetypische
Veranschaulichung gefunden. Explizit folgt die Gestaltung des
Schauplatzes Andersens Märchen, drapiert aber die dort phantastischen Szenerien als ›realistische‹ um. So wird der Schnee zur
weißen Seide, das Eis zum Silber, die Eisschollen zum Parkettboden. Über die expliziten Hinweise hinaus aber entspricht
auch die *Figurenkonstellation* dieser Vorlage – *ohne* dass dies vom

Text ausdrücklich gesagt würde. Indem die beherrschende, ei-
gensüchtige und gefühlskalte Mutter identifiziert wird mit der
kalten Herrscherin selbst, befindet sich Klaus Heinrich in der
Position des kleinen Kay. Und in diesem Magnetfeld des Prätextes rückt nun Imma ihrerseits, wie von selbst, in die komplementäre Position. Es ist diejenige des kleinen, schwesterlichen
Mädchens Gerda (»Sie waren nicht Geschwister, aber sie hatten
sich so lieb, als wären sie es«), das in Andersens Märchen den im
Schneepalast gefangenen Knaben befreit und erlöst, das die
Kälte der schneeköniglichen Mutter-Welt durch die Wärme
ihrer Liebe ersetzt und das den erstorben geglaubten Gefühlen
zum Ausbruch verhilft, indem sie um ihn weint, ihn seinerseits
zum Weinen bringt und so den Teufelssplitter aus seinem Auge
spült.

Im Roman dauert es noch viele Seiten und in der erzählten
Welt viele Jahre, ehe es dazu kommt. So weit ist die Szene hier
von der eben zitierten entfernt, dass ein Leser, der sich nicht an
das Andersen-Märchen erinnert, den Zusammenhang gar nicht
bemerken wird. Längst schon erwarten viele Beobachter im
Schloss eine Verbindung der exzentrischen Kapitalistentochter
mit dem romantischen Prinzen. Noch die Szene, in der diese
Verbindung endlich zustande kommt, Immas Amfortasfrage,
Klaus Heinrichs Zusammenbruch und ihr Kuss auf seine un-
sagbare Hemmung – noch diese Szene folgt Andersens Märchen ebenso genau wie dem Schluss des *Kleinen Herrn Friedemann*.
Da kommt die kleine Gerda auf der Suche nach Kay, am Ende
einer abenteuerlichen Reise, endlich am Palast der Schneekönigin an.

Da geschah es, daß die kleine Gerda durch das große Thor in
das Schloß trat. Hier herrschten schneidende Winde […];
und sie trat in die großen, leeren, kalten Säle hinein – da er-
blickte sie Kay […]. Aber er saß still, steif und kalt; – da
weinte die kleine Gerda heiße Thränen, die fielen auf seine

Brust; sie drangen in sein Herz, sie tauten den Eisklumpen auf und verzehrten das kleine Spiegelstück darin [...]. Da brach Kay in Thränen aus: er weinte so, daß das Spiegelkörnchen aus den Augen schwamm; nun erkannte er sie und jubelte: ›Gerda! Liebe kleine Gerda!‹ [...] Und Gerda küßte seine Wangen, und sie wurden blühend; sie küßte seine Augen, und sie leuchteten gleich den ihrigen; sie küßte seine Hände und Füße, und er war gesund.[21]

Zu Beginn der Erlösungs-Szene in Thomas Manns Roman sitzt Imma an ihrem »sechseckigen Tisch«. Der Leser gibt nur deshalb nicht darauf Acht, weil er so sehr auf den ersten Kuss wartet; aber warum muss eigentlich erwähnt werden, dass der Tisch sechseckig ist? Dies, scheint mir, ist wieder eines dieser winzigen Nebenmotive, das allein durch die scheinbar völlig überflüssigerweise mitgeteilte Zahl seine Verwandtschaft zu erkennen gibt mit dem Schneekristall.

10. Offenes Ende

Der Zinnsoldat und die Meerprinzessin: Verwandelt in Kay und Gerda, bringen sie den Palast der Schneekönigin zum Schmelzen. Dies ist die Denkfigur, die erst im Schnittpunkt der drei Andersen-Märchen deutlich sichtbar wird: dass die Stigmatisierten einander erlösen müssen. Und dass sie das nur vollbringen können, weil sie beide, wie alle Figuren des Romans, Erlösungsbedürftige sind und sich als solche (selbst und einander) erkennen. Die Sozialisierung, die Hinwendung und Öffnung vom Subjektivismus zu Gemeinschaft und Verantwortung, die Thomas Mann an seinem Roman immer wieder hervorgehoben, ja die er schließlich geradezu als Hinwendung zur »Demokratie« beschrieben hat – sie vollzieht sich in dieser artistischen Anverwandlung der Andersen'schen Märchen, in der produktiven Konfrontation ihrer Erzählschemata mit denjenigen eines am

Naturalismus geschulten psychologischen und sozialen Romans. Ein spätes Blatt in Thomas Manns Entwürfen notiert als Überschriften für das 7. und 9. Kapitel zunächst: »Liebe und Finanz« und »Verlobung«; diese Worte aber hat er energisch gestrichen und ersetzt durch die jetzigen Überschriften: »Die Erfüllung« und »Der Rosenstock« (GKFA 4.2, 504). Damit nimmt das mythische Schema von Vorzeichen und Verwirklichung, Prophezeiung und Erfüllung, gleichsam vor den Augen des Lesers, programmatische Konturen an.

Von Beginn an setzt der Roman den märchenhaften Elementen psychologische, soziologische und zeitgeschichtliche Kategorien entgegen, und er bezieht daraus einen wesentlichen Teil seiner Ironie. Immer entschiedener werden im Laufe der Entstehungsgeschichte die topographischen und historischen Spuren realer Schauplatzmodelle getilgt. Mit dem Verschwinden von Ortsnamen wie »Potsdam«, »Baden«, »Königsberg« aber bleiben für die Topographie von Klaus Heinrichs Welt allein die märchenhaften Schlössernamen »Hollerbrunn« oder »Delphinenort« übrig. Mit dem Erscheinen der amerikanischen Welt Immas dringt dann unvermittelt eine Fülle topographisch sehr konkreter Ortsbezeichnungen in diese raumzeitlich unbestimmte Sphäre ein, vom Broadway bis zur Wall Street; die Begegnung der Kulturen gerät unversehens zur Konfrontation erzählter Welten. Und warum werden Klaus Heinrich und Imma am Ende ein Paar und erretten zugleich das Land vor dem Kollaps? Weil eine geheimnisvolle Zigeunerin vor Zeiten geweissagt haben soll, dass eines Tages ein Prinz »mit einer Hand« dem Land Segen bringen werde, weil es als Vorzeichen in der Polterkammer des Schlosses gewaltig rumort und der modrige Rosenstock wieder duftend erblüht – so lautet die eine Begründung. Aber ist das wirklich die Wahrheit? Die andere Begründung weiß es anders: Weil sie einander erkennen und sich gemeinsam vom Stigma befreien; weil sie, um sich endlich nützlich zu machen, Nationalökonomie betreiben; weil Immas Vater eine gewaltige Anschubfinanzierung mitbringt und weil Minister Knobelsdorff die volkstümliche Prophezeiung zum Gegenstand zweckmäßig-diplomatischer Arbeit am Mythos macht. Der Rosenstock beginnt zu duften, weil es die Weissagung so will – oder weil man ihn endlich umpflanzen lässt.

Falls er überhaupt zu duften beginnt. Denn die vielleicht kostbarste strukturelle Ironie des Romans liegt im ironischen Offenlassen dieser Ambivalenz über das Ende hinaus. Wer genau hinsieht, wird bemerken, dass das wunderbare Duften des »verwunschenen Rosenstocks«, dieses Symbols aller märchenhaften Wunscherfüllung, am Ende nur im Modus der Hoffnung ausgedrückt wird.[22] Ob das aber jemals zur Wirklichkeit wird, das bleibt in der Schwebe, wie die versöhnte Welt der Außenseiter, wie die Utopie des strengen Glücks.

Fünftes Kapitel
Im Krieg der Gedanken

1. Das Glasaugenspiel

Im Spätsommer 1914 war Thomas Mann endlich frei. Das jedenfalls behauptete er, wenige Wochen nach Kriegsausbruch, mit aller rhetorischen Leidenschaft. »Krieg! Es war Reinigung, Befreiung, was wir empfanden, und eine ungeheuere Hoffnung.« Und »wie die Herzen der Dichter sogleich in Flammen standen«, in allen Ländern und von links bis rechts (und alle diejenigen, deren Herzen nicht kriegerisch brannten, im Umkehrschluss als Dichter desavouiert erschienen, von Romain Rolland bis zu Heinrich Mann), so schrieb nun auch er selbst in rascher Folge Pamphlete, die als Fanale der Befreiung Freund und Feind heimleuchten sollten.

Was die *Gedanken im Kriege* verkündeten (GKFA 15.1, 27–46), erwies sich als Anbruch einer langen Finsternis, in deren Verlauf Thomas Mann den Dunkelmännern der nationalistischen Rechten bald als einer der Ihren galt – und danach dann, als er sich von dieser Phase lossagte, folgerichtig als republikanischer Renegat. Noch im selben Jahr folgten *Gute Feldpost* und der umfangreiche Essay über *Friedrich und die große Koalition*; 1915 begannen die Arbeiten an jenem Versuch, der sich bis 1918 zu einem Riesenwerk unter dem Titel *Betrachtungen eines Unpolitischen* auswachsen sollte.

Zu Beginn ist der Ton der Kriegsschriften von einer Hitzigkeit, einem Begeisterungswillen und einer Bereitschaft zum Hass, die im bisherigen Werk ohne Beispiel sind. Auf eine Rundfrage der Stockholmer Zeitung *Svenska Dagbladet* antwortet Thomas Mann im Frühjahr 1915 mit dem widerwärtigsten dieser Texte. Indem er mit hektischer Röte auf den Wangen versichert, er sei die Ruhe selbst (»mit ganz ruhiger Stimme«), beteuert er, »daß wir Deutschen uns von der Verpflichtung, der Solidarität des Menschengeschlechtes schwärmerisch eingedenk zu sein, für den Augenblick wohl einigermaßen entbunden fühlen dürfen.« Denn aus was für Leuten bestehe schließlich die Welt von Gegnern, die Deutschland nun gegen sich habe? Ein einziges »Bildchen« soll genügen, um alle Kriegsbegeisterung als Notwehr zu legitimieren. Man stelle sich vor: »Ein Senegalneger, der deutsche Gefangene bewacht, ein Tier mit Lippen so dick wie Kissen, führt seine graue Pfote die Kehle entlang und gurgelt: ›Man sollte sie hinmachen. Es sind Barbaren.‹« (GKFA 15.1, 123)

Was in diesem Krieg gegen die Untermenschen zu verteidigen ist, das ist nun in der Tat all das, was jenen als Barbarei erscheinen muss. Es sind lauter Schemata der konservativen Revolution, die von nun an aufgegriffen und fortgedacht werden, im Rückgriff auf Dostojewski, Wagner, die politische Romantik (oder was der Autor, der sich hier überwiegend aus zweiter Hand informiert, dafür hält): die denkbar simplen und in genauer Symmetrie konstruierten Antithesen von »Zivilisation« und »Kultur«, »Geist« und »Leben«, »Literatur« und »Kunst«, Frankreich und Deutschland, flacher Aufklärung und romantischer Mythentiefe, synthetisch-organischem und analytisch zergliederndem Denken, »Politik« und »Schicksal«.[1]

Aufgeboten wird dieser Begriffsaufwand gegen einen nicht ohne Mühe konstruierten monumentalen Gegner, dem die Schreckensmaske des tierhaften Untermenschen nur aufgesetzt wird. Darunter scheint er, wie das Untier in der Danielsvision, zusammengesetzt aus denkbar heterogenen Materialien: aus amerikanischer Republik und englischem Kapitalismus, Frankreich als dem Inbegriff der Aufklärung (deren Barbarei sich allerdings im Einsatz der »Senegalneger« entlarvt), dem frankophilen Bruder Heinrich und in und über alldem immer wieder der Demokratie und »der Politik«. Die Politik:

Das ist das Hasswort, der zentrale Begriff, in dem sich aller Abscheu bündelt. Was Thomas Mann in den *Betrachtungen* an Richard Wagner beobachtet, das ist in ganz eigener Sache geschrieben: »Warum aber haßte er die ›Demokratie‹? Weil er *die Politik selbst haßte, und weil er die Identität von Politik und Demokratismus erkannte*.« (GW XII, 121) Mit unermüdlicher Begeisterung zitiert er Wagners »nie zerstörbaren Satz«, der Deutsche an sich sei konservativ, und das heißt hier: der Demokratie feind.

Das gewaltige, über vier Jahre literarisch produktive Ressentiment gegen »die Zivilisation« und den »Zivilisationsliteraten«, gegen Demokratie und Republik – es *rechtfertigt* sich immer wieder, und mit zuweilen imponierender Wucht, als Widerstand des Humanen gegen die Funktionalisierung des Menschen. So gesehen, protestiert der Unpolitische als ein konservativer Anarch gegen hegelianische Staatsvergötzungen jeglicher Observanz. Die »Politik«, gegen die er (freilich selbst fortwährend politisierend) Einspruch erhebt, meint vor allem die Vorstellung, »daß die Bestimmung des Menschen im Staatlich-Gesellschaftlichen aufgehe«. Mit einem bündigen Wort: »Politik ist unmenschlich« (149). Gegen sie hat der wahre Künstler, gegen den Zivilisationsliteraten, »das Menschliche« zu behaupten, mitsamt seinen irrationalen, dämonischen, auch gewaltsamen und grausamen Zügen; die Legitimierung von Krieg und Kriegsrausch gehört demonstrativ dazu.

Damit aber haben die Selbstwidersprüche des »kultur-« und menschenfreundlichen »Zivilisations«-Feindes schon begonnen. Vorgeblich um der Behauptung der Irrationalität willen lässt er sich zu Gedankengängen hinreißen, die trotz aller rhetorischen Vorkehrungen auch ihm selber bald nicht mehr geheuer sind; manche davon wird er später zurücknehmen. Berühmt geworden ist seine Schilderung einer Begegnung mit einem Einarmigen und einem Blinden, zwei Kriegsinvaliden auf der Straße. »Krüppel-Kollegen« nennt der unpolitische Be-

trachter sie jovial-scherzhaft; und ihr Anblick lässt den auch
hier sich einstellenden Gedanken an das »Grauen« des Krieges,
an »Wahnsinn, Verbrechen und Schande« rasch verfliegen.
Denn siehe da, die beiden sind ganz lustige Gesellen, und bis
auf Arm und Auge fehlt ihnen eigentlich nichts. Längst sind die
Schmerzen vergangen, die Sonne genießen die Versehrten wie
alle anderen, und gerade die Verkrüppelungen haben auch ihr
Gutes. Zwar vermag der Blinde die Passanten nicht zu sehen,
»aber er wußte ja, wie sie meistens aussahen, und sehr viel hatte
er nicht daran verloren« – es fehlt nicht viel, und man hörte
Neid heraus. Und wahrhaftig: Angewiesen aufs Hören, erfreut
sich der Erblindete an »einer Repetieruhr mit wohlklingendem
Glockenspiel, um die ich ihn immer beneidet habe«. Wen der
Krieg blindgeschossen hat, so lehrt das Beispiel, der hat am
Ende mehr vom Leben; immerhin ist dem unpolitischen Betrachter auch zu Ohren gekommen, »daß die Blindgeschosse-
nen in den Lazaretten unter allen Patienten die muntersten
sind. Sie balgen sich«, aus lauter Lebenslust nämlich. Und im
Übermut, auch dies schreibt Thomas Mann mit ernstem Über-
zeugungswillen hin, bewerfen sie einander mit ihren Glas-
augen. Gerichtet ist dies alles gegen die »Philanthropen« mit
ihrem Pazifismus und Mitleidsgetue: »gefallt euch nicht«, so
lautet der resümierende Appell, »in einem politisch-humanitä-
ren Oppositionslamento gegen den Krieg!« (GW XII, 472 – 476)

Aber welcher Kriegsverteidiger redet hier eigentlich? Die
Peinlichkeit dieser Texte ergibt sich nicht nur aus ihrem ange-
strengten Zynismus, sondern auch aus der Inkonsistenz ihres
Arguments. Dass die Grausamkeit des Krieges einen Beweis
darstelle für seine dionysisch-ekstatische Natur und dass gerade diese als schauriges und lustvolles »Erlebnis der Freiheit«
gefeiert werden könne, als Entgrenzung und Rausch: Auf diesen Stahlgewitter-Gedanken hatte Thomas Mann zunächst gezielt. Dass er im Fortgang des Arguments aber den Krieg zum

letztlich doch harmlosen Kumpan verkleinert, dessen Opfer
lustig ihr Glasaugenspiel treiben, dass er ihn, statt Opfer und
Blut zu preisen, als freundlichen Wohltäter ausstaffiert – nichts
verrät deutlicher das schlechte Gewissen des »Literaten« – das
heimliche Festhalten an einer Philanthropie, die sich ihrer ge-
reizten Bestreitung beharrlich widersetzt.

2. Konversion

Zu dem Skandal, den diese Schriften machten, gehörte – das ist
zuweilen in Vergessenheit geraten – die schiere Überraschung.
Was aus ihnen sprach, war ein antidemokratischer, antiwest-
licher Konversionseifer, mit dem eigentlich niemand gerechnet
hatte, auch Thomas Mann selbst nicht. Zwar gehörte zum
öffentlichen Image wie zum Selbstbild des Berühmten längst
schon das Klischee vom vornehmen, elitären, auch hochmüti-
gen Künstleraristokraten. Als konservativ-nationalistischen
Agitator aber, als Feind der »Zivilisation« und Wortführer eines
antidemokratischen Ressentiments kannte man diesen Autor
nicht. Im Gegenteil.

Seit anderthalb Jahrzehnten war Thomas Mann, wo immer
seine Meinung gefragt war, als ein entschieden unabhängiger
und oft skeptischer, aber doch zweifellos liberaler Kritiker hervorgetreten, im Geist eines weltneugierigen Ästhetizismus.
Der Autor, der 1905 in einer Stellungnahme zum Verhältnis
von Künstlertum und Kritik »Partei für den Geist« genommen
und erklärt hatte: »Ich bin, um es ganz schlicht zu sagen, für
Freiheit. Das Wort, der Geist sei frei« (GKFA 14.1, 87) – dieser Autor hatte 1907 beispielsweise die vollständige »Abschaffung der
Theaterzensur als einer staatlichen Anmaßung« gefordert,
hatte dann für denselben Verleger, bei dem diese Erklärung erschien, ein Gutachten über Pornographie und Erotik verfasst,
das die Freiheit aller, auch womöglich obszöner und anstößiger

Kunst verteidigte gegen reaktionäre »Banausen oder Zeloten«,
und sich 1910 öffentlich mokiert über die kaiserliche Verdäch-
tigung des Dichters Detlev von Liliencron wegen dessen »Lieb-
äugelns mit der Sozialdemokratie«. Im selben Jahr hatte er
seine Novelle *Schwere Stunde* zu einem sozialdemokratischen
Sammelband beigesteuert, dessen ausdrückliches Ziel die Hilfe
für die »Opfer der zaristischen Verfolgung« in Russland war.
Und noch 1913, ein Jahr nur vor den *Gedanken im Kriege*, hatte er
seinen großen Essay über Chamissos exemplarische Außenseitergestalt Peter Schlemihl dem sozialdemokratischen *Vorwärts*
zum Nachdruck überlassen. In derselben Zeit hatte er sich an
Unterschriftenaktionen für den Anarchisten Erich Mühsam
wie gegen Aufführungsverbote für Frank Wedekinds Dramen
beteiligt. Und derselbe (aber ist es derselbe?) Thomas Mann,
der in den *Betrachtungen* einen seiner dringend benötigten Gegner in dem *Aktions*-Autor Kurt Hiller fand, hatte 1911 selbst in
ebendieser Expressionisten-Zeitschrift einen Beitrag veröffentlicht. Noch im Frühjahr 1914 hatte er einen Protest gegen ihre
Konfiszierung aus politischen Gründen unterzeichnet – eine
Solidaritätserklärung für dieses, wie es im Protestschreiben
hieß, »kleine, tapfere und gescheite Organ der literarischen Linken«.

Gerade dort, wo die Kriegsschriften Begriffe dieser Vor-
kriegs-Arbeiten wieder aufnehmen und, buchstäblich, ins Feld
führen, lässt sich der Umbruch mit Händen greifen. Die *Gute
Feldpost* behauptet 1914 für »mein bißchen Werk« rückblickend: »wenn in seinen Gleichnissen etwas von dem lebendig
ist, was heute mit einem Welt-Gassenwort ›der deutsche Militarismus‹ heißt, so hat es Ehre und Wirklichkeit« (GKFA 15.1,
50). Da hat er freilich in diesem Werk lange suchen müssen.
Zwar war der Begriff tatsächlich 1910 an auffallender Stelle erschienen, in dem Porträt *Der alte Fontane* – dort aber noch mit
Fontanes zustimmend zitierten Worten, dasjenige, »womit am

Ehesten (weil unerträglich geworden) gebrochen werden muß, ist der Militarismus.« (GKFA 14.1, 273) Wird in den *Betrachtungen* das deutsche als das unpolitische Wesen in eins gesetzt mit dem Geist der Romantik als dem Inbegriff mythentrunkener Irrationalität, so hatten nicht lange zuvor die Entwürfe zu dem großen, Fragment gebliebenen Essay *Geist und Kunst* darauf beharrt, dass im Gegenteil gerade in der Romantik »der *Geist*, die Ironie die Hauptsache« sei, mit einem Wort: die »Litteratur«. Nichts hatte Thomas Mann über Jahre hinweg so höhnisch angegriffen wie die falsche Tiefe der Neuromantiker, die »hysterischen« Naivisierungstendenzen der Heimatkunstbewegung, die Albernheiten völkischer Literaturkritik und die Anstrengungen kunstreligiöser Esoterik. Und nichts hatte dieser Literat sich da so demonstrativ zu Eigen gemacht wie jenen »jüdischen Geist, den Gott erhalte«: »Intellektualismus« eben, »Helligkeit, Witz«. Wir haben gesehen, wie in diesen Vorkriegstexten Judentum und die ironische Intellektualität des »Literaten« so sehr zum Pleonasmus geraten können, dass ihr Verfasser selbst sich wiederholt in dieses Rollenmuster hineininszeniert und folglich von den antisemitischen Spürnasen der völkischen Reaktion hartnäckig für einen Juden gehalten wird.

Derselben Konversionsbewegung vom liberalen Intellektuellen zum nationalkonservativen Agitator unterliegen auch die ideologischen Kern- und Kampfvokabeln der Kriegsschriften; nur lässt sich hier schon früh beobachten, wie die Dämme errichtet und behauptet werden, die mit dem Kriegsausbruch schlagartig brechen. Das gilt vor allem für die Basis-Opposition von »Kultur« und »Zivilisation« selbst. Keineswegs an entlegener Stelle, sondern in der Weihnachtsausgabe der Berliner Zeitung *Der Tag* hatte Thomas Mann schon 1909, unter der programmatischen Überschrift *Geist und Kunst*, vorgeschlagen, »sich über die Begriffe der Kultur und der Zivilisation zu verständigen. Niemand«, so hatte er da fortgesetzt,

wird leugnen, daß etwa Mexiko zur Zeit seiner Entdeckung
Kultur besaß, aber niemand wird behaupten, daß es damals
zivilisiert war. Kultur ist offenbar *nicht* der Gegensatz von
Barbarei; [...] Kultur ist Geschlossenheit, Stil, Form, Haltung, Geschmack, ist irgendeine gewisse geistige Organisa-
tion der Welt, und sei das alles auch noch so abenteuerlich,
skurril, wild, blutig und furchtbar. Kultur kann Orakel, Ma-
gie, Päderastie, Vitzliputzli, Menschenopfer, orgiastische
Kultformen, Sankt-Veitstanz, Inquisition, Hexenprozesse,
Blüte des Giftmordes und die buntesten Greuel umfassen.
Zivilisation aber ist Vernunft, Aufklärung, Sänftigung, Sitti-
gung, Skeptisierung, Auflösung, – *Geist*. (GKFA 14.1, 213 f.)

Nachdem er so die Begriffe mit aller Schärfe getrennt hat, stellt
der Nietzscheaner sich, nach einem Augenblick des Schwan-
kens, angefochten und entschlossen auf die Seite dieses »bürgerlichen« Geistes, dieses »geschworenen Feindes der Triebe,
der Leidenschaft, der Natur«. Den Verlockungen von Orgie und
Kult widersteht er; »er ist antidämonisch, antiheroisch, er ist
selbst antigenial ...« Und wie als Illustration folgt ein Porträt
des eben in seiner »raffinierten« Intellektualität so mustergül-
tig modernen jüdischen Theaterregisseurs Max Reinhardt.

Lesern der *Gedanken im Kriege* konnte die Argumentation also
bekannt vorkommen, die nun, viereinhalb Jahre später, den
Kampf gegen die Zivilisation eröffnet. Es ist wörtlich derselbe
Text, vom mexikanischen Vitzliputzli bis zum antidämoni-
schen Geist, nur jetzt mit genau entgegengesetzter Bewertung.
(Allein das »Autodafé« ist bezeichnenderweise hinzugekom-
men.) Die Kunst, die vor dem Krieg noch zivilisatorisch, intel-
lektuell, skeptisch war – auf welche Seite gehört sie nun?

Wir zögern nicht mit der Antwort. Die Kunst ist fern davon,
[...] an der Zivilisierung der Menschheit innerlich interessiert zu sein. Ihre Humanität ist durchaus unpolitischen
Wesens [...]. (GKFA 15.1, 29)

– womit schon jetzt, noch vor dem Beginn der *Betrachtungen*, die »unpolitische« Kontrastierung von Humanität und Zivilisation etabliert ist. Eben noch hatte der angenommene Ursprung der Kultur in dionysisch dunklen, vorrationalen Tiefen durch die aufklärende Selbstreflexion erhellt und überwunden werden sollen – nun wird aus derselben Voraussetzung ihre Verpflichtung zur Rückkehr in diesen Mutterschoß abgeleitet. Die Frage, ob es »nicht völlig gleichnishafte Beziehungen« seien, »welche Kunst und Krieg miteinander verbinden«, wird jetzt nur noch rhetorisch gestellt. Und ausgerechnet Gustav von Aschenbach, den sein Autor in *Der Tod in Venedig* doch nicht zuletzt an dieser trügerischen Gleichsetzung so erbärmlich und lehrreich hatte zugrunde gehen lassen, wird nun, im dionysischen und wahrhaft besinnungslosen Wortrausch von »Hingebung bis aufs Äußerste, *Blutzeugenschaft*, vollem Einsatz aller Grundkräfte«, zum Kronzeugen für die wiederentdeckte Irrationalität (30). Nicht mehr den Geist gegen die Barbarei verkündet der Begeisterte jetzt, sondern die Bejahung der Barbarei als Pflicht des Geistes; und in der herrlichen Regression kann es ihm für den Augenblick gar nicht abenteuerlich, skurril, wild, blutig und furchtbar genug zugehen. Sodass nun und für einige Zeit dann auch weder an Veitstänzen noch an Menschenopfern ein Mangel besteht.

Zur Konversion kommt der Selbsthass. Nicht nur der Bruder Heinrich wird dann als ungenanntes Vorbild des »Zivilisationsliteraten« herangezogen, dieses von rhetorisch-demokratischem Menschheitspathos erfüllten Popanz, sondern *expressis verbis* auch der frühe Thomas Mann selbst. Keine seiner eigenen früheren Arbeiten unterzieht der Bekehrte dabei einer derart ätzenden Kritik wie sein nicht lange vor Kriegsausbruch nach mehrfachen Anläufen endlich publiziertes Manifest dessen, was er nunmehr »Zivilisationsliteratur« nennt: *Der Literat* von 1913. Diese Selbstbehauptung gegen das »Litteraten«-Stigma, diesen schon überanstrengten Versuch, das moralische, humanistisch-philanthropische Potential moderner Literatur, auch gegen die eigenen dionysischen Sehnsüchte noch einmal zu behaupten, trifft nun ebendeshalb der Bannstrahl. Am Ende des Kapitels *Einkehr* schreibt Thomas Mann:

> In einer Zeitschrift (es war der ›März‹, – ein Name, politischen Frühlingsahnens voll) erschien ein Aufsatz, eine Studie, dem ›Literaten‹ gewidmet, eine Aufklärung für Deutsche über Wesen und Herkunft dieses im höchsten Grade *aktuellen* geistigen Typus, – und Schmeichelhafteres, als ihm in diesem März-Artikel gesagt wurde, war dem Literaten in Deutschland überhaupt seiner Lebtage noch nicht gesagt worden.

Dann wird maliziös der Gedankengang des Essays paraphrasiert; die Passage endet mit den Worten:

> Alle Sittigung des Menschengeschlechtes – das sei festzustellen – entstamme dem Geiste der Literatur, und schon den Volkspädagogen der Alten habe das schöne Wort als der Erzeuger der guten Tat gegolten. – Welch ein Sermon! Es ist Woodrow Wilson, den man zu hören glaubt, dieser hochgestellte Gönner des Menschengeschlechtes, welcher, glaubwürdiger Versicherung zufolge, auf den Stil seiner Noten sich nicht wenig einbilden soll. (GW XII, 99 f.)

Die politischen Konsequenzen, die im Essay von 1913 nur implizit angedeutet waren, werden nun so polemisch wie zutreffend expliziert: »die politische Konsequenz von ›Philanthropie und Schreibkunst‹, das ist die radikale Republik«. Ebendeshalb gilt der Kampf nun auch der eigenen Vergangenheit.

3. Weibsjahrhundert

Der Selbsthass, der diesen Kampf antreibt und in Gang hält, nicht selten als nach außen gewandte, von außen vermeintlich legitimierte und darum so berauschend maßlose Aggressionsbereitschaft: Dieser Hass trifft die Selbst-Bilder des jungen Schriftstellers in den wechselnden und sich überschneidenden Rollen von »Juden, Frauen und Litteraten«. Dabei steht auch hier, nur in der Umwertung der früher vertretenen Werte, die *gender*-Frage im Mittelpunkt. Das »Ewig-Weibliche« als »Kultur- und Kunstideal«, eine die *sexes* durchkreuzende Männerweiblichkeit als Bedingung und Ausdruck wahrer Kunst: Unter dieser Flagge hatte der junge Thomas Mann seine eigene Ästhetik verkündet. Wie aber in den Konversionsanstrengungen der Kriegsschriften die damalige (und in dieselbe Richtung weisende) Skepsis gegenüber dem »Aberglauben« an »Rasse und Blut« ersetzt wird durch den rassistischen Abscheu vor dem französischen »Senegalneger«, so gehört – ebenfalls von Beginn an – zum Grundbestand ihrer antifranzösischen, antipazifistischen, antiaufklärerischen Polemik der Frauen-Hass. Und wie damals, so muss auch jetzt der Bruder als Verkörperung des Feindbildes herhalten – nur dass es jetzt der Schreiber selber ist, der sich triumphal auf die Seite des Deutschen, des Irrationalen und Kriegerischen als des eigentlich Männlichen schlägt.

Das Abstoßendste an Frankreich nämlich ist für die *Gedanken im Kriege* eigentlich weder der Rationalismus noch die Republik, sondern eine Weiblichkeit, die (und erst das macht sie so widerwärtig) in die Nähe effeminierter Männlichkeit gerät: »Diese Nation«, höhnt Thomas Mann, »nimmt Damenrechte in Anspruch«, sie ist »weiblich in dem Grade, daß einem die Arme sinken«; sie übt »französische Damennaivität« und »kreischt [...] mit Fistelstimme: ›Die Zivilisation!‹« (GKFA 15.1, 41–45)

Folgerichtig gerät ausgerechnet jener preußische Friedrich, von dem ein vor dem Krieg aufgegebener Roman als einem sensiblen, franzosen- und männerliebenden, heroisch-einsamen Künstler hatte erzählen sollen, nun in dem umfangreichen *Friedrich*-Essay zum Inbild eines maskulinen Militarismus: als rebellierender »Zögling französischer Frauen«, der sich als Soldat »ans Männliche« gewöhnt und darum

> das Weib am Ende »nicht mehr riechen« konnte, – und dies in dem französischen Jahrhundert, einem rechten Weibsjahrhundert, welches von dem »Parfüm des Ewig-Weiblichen« ganz erfüllt und durchtränkt war. (72)

Das »Ewig-Weibliche« – ein Jahrzehnt zuvor hatte Goethes Formel diesem Autor als Äquivalenzbegriff wahren Künstlertums gedient. Jetzt, in den Kriegsschriften, verwandelt es sich mit aller Kraft ins Akut-Männliche. Und es saugt dabei alles Quälende in sich auf, was zuvor irgendwie von dem weitläufigen Begriff miterfasst gewesen war. Weil der Krieg den Verehrer eines weiblichen Kulturideals wenigstens am Schreibtisch zum Manne geschmiedet haben soll, diesen Intellektualisten und Einzelgänger, diesen sensiblen Bewunderer Frankreichs, Friedrichs, Heinrich Manns: deshalb muss er verteidigt werden, gegen den Bruder, gegen die Welt, gegen das eigene Ich.

Der Hinweis auf diese ja immerhin vom Autor selbst angedeuteten Zusammenhänge darf nicht missverstanden werden. Wie wenig trennscharf auf der Suche nach Gründen für das Ressentiment zu entscheiden ist zwischen intimen Bedrängnissen und weitläufigen Bewegungen des Zeitgeistes, das zeigt schlaglichtartig die Antwort auf eine Rundfrage, die Thomas Mann ein Jahr vor Kriegsausbruch formuliert hatte, mitten im liberalen Frieden. Ausgerechnet anlässlich einer Umfrage zu Karl Kraus hat er da den Gegensatz von »Zivilisation und Kultur«, zum ersten Mal und ganz nebenbei, mit einer polemischen Abwertung der Zivilisation verbunden. Im selben Atemzug zählt

er, als verstehe sich das doch von selbst, zu den »großen Grund-
tatsachen des Lebens« außer Geschlecht und Kunst nun auch
den Krieg (GKFA 14.1, 383). Allein diese beiläufige Selbstver-
ständlichkeit zeigt, wie da eine Sehnsucht in der Luft liegt, von
der er selbst vielleicht noch gar nicht recht weiß.

Deutlicher noch als durch die Ansichten, die sie vertreten,
sind die Kriegs- von den Vorkriegsschriften durch den Stil ge-
schieden, in dem sie das tun. Nicht einfach Position und Ge-
genposition trennen sie, sondern mehr noch die Spannung
von Geschlossenheit und Offenheit, Eindeutigkeit und Ambivalenz. Der Vorkriegsautor Thomas Mann umkreist und erörtert seine Meinungen, wechselt die Töne und Perspektiven
und hält sich auf den spielerischen Umgang mit ihnen einiges
zugute. Die martialischen Essays der Jahreswende 1914/15
machen damit energisch Schluss. Hier werden die Fronten be-
gradigt, hier wird proklamiert und angeklagt. Umso erstaun-
licher ist das Schauspiel, das die weitere Entwicklung der
schließlich auf sechshundert Seiten angewachsenen *Betrachtungen* bieten. Im vierjährigen Lauf ihrer Niederschrift wird die ersehnte Sicherheit des eigenen Standorts, der klaren Linien und
des erlösenden Aufgehens in der Massenbewegung eines
»Volkskriegs« zunehmend derart erschüttert, dass die Ambivalenz der Vorkriegsschriften sich subkutan wieder auszubreiten
beginnt.

Schon im fünften Kapitel (das allerdings erst in einer späteren Arbeitsphase entstanden ist) erfährt der erstaunte Leser,
dieses Buch betreibe nur »Selbsterklärung und Selbstaufklärung, – keine Polemik; obgleich die Erklärung meinerselbst
notwendig zuweilen polemische Formen annimmt.« (GW XII,
134) Im Fortgang dieser Selbstaufklärung wächst sich die ge-
wundene Differenzierung aus zum gewaltigen performativen
Widerspruch. Noch während der Schreiber seine Leser und sich
selbst mit der Anstrengung philosophisch-begrifflicher Syste-

matik zu überzeugen versucht, während er seitenweise nach
Kräften doktrinär und rechthaberisch räsonniert, versichert er,
er sei »kein Systematiker, kein Doktrinär«, er »fröne nicht dem
schändlichen Irrwahn des Rechthabens, und nie werde ich
mich mit einer Wahrheit, die ich für die Wahrheit erachte, zur
Ruhe setzen, um für den Rest meines Lebens davon zu zehren.«
(173)

  Nach dem Ende der Ironie kehrt, unter der Hand, die Ironie
wieder – als eine zum existenziellen Ernst gewordene, weder für
den Schreiber noch für den Leser auf die Dauer auszuhaltende
und eben doch über sechshundert Seiten durchgehaltene romantische Dialektik. Nicht selten hat der Unpolitische etwas
von einer Tieck'schen Bühnenfigur, die dem Publikum zuruft,
sie sei doch nur ein Schauspieler, um sogleich mit derselben Inbrunst zu beteuern, ebendies sei sie in Wahrheit nicht, und dies
sei auch keine Bühne, sondern die wirkliche Welt; und so fort.
Ein Kunstwerk zu werden und keines sein zu wollen: Das ist
das zunehmend schärfer hervortretende Paradoxon dieses Buches. Der am Ende angelangte Autor, der sich auf Lessings Maxime beruft, die Suche nach der Wahrheit sei wichtiger als ihr
Besitz, gibt sein Werk in der nachgetragenen Vorrede überhaupt als eine »Künstlerschrift« aus. Für alles Folgende macht
er nun einen »Rest von Rolle« geltend, »von Überzeugungs-
losigkeit und jener dichterischen Sophistik, welche den Recht
haben läßt, der eben redet, und der in diesem Falle ich selbst
war« (11). Noch indem es gegen die »Zivilisationsliteratur«
polemisiert, gleitet das Buch in deren ironische Facettierung
und Reflexion zurück, in die Polyphonie des Selbstgesprächs.

4. Die Wiederkehr der Königlichen Hoheit

Ein einziges Mal nur geschieht es, dass der Rekurs auf eine seiner eigenen Vorkriegsarbeiten dem Unpolitischen, wie aus Versehen, ein Bekenntnis zur »Zivilisationsliteratur« entlockt. Das Romanexperiment *Königliche Hoheit* war im selben Jahr erschienen wie jener Aphorismus, der die »Zivilisation« gegen das lockende Vitzliputzli verteidigte. Schon in der Vorkriegszeit hatte Thomas Mann gerade für diesen monarchischen Roman *par excellence* eine demokratische Ausrichtung geltend macht, hatte ihm schon 1910 einen »Voltaire'schen Zug« zuschreiben wollen und noch 1915 die Überzeugung geäußert, über ihn lasse sich »auf Französisch am besten und vielleicht nur auf Französisch reden«, in seinen Grundzügen sei er überhaupt »französisch, nicht deutsch« (GKFA 22, 101, 155). Und Kritiker wie Hermann Bahr hatten diese Selbstkommentare noch überboten durch die Behauptung, *Königliche Hoheit* sei »ein marxistisches Märchen«. Der Aufbruch zur Vereinigung der Einzelnen mit dem »Ganzen der allgemeinen Menschenart« artikuliere sich, so erläutert er, politisch im »Marxismus«, der auf dem Umweg über die Klasse »den einzelnen Menschen wieder in den Zusammenhang der Menschheit zurück« führe – und er ereigne sich literarisch als Selbsttranszendierung der ›realistischen‹ Erzählkunst in die überindividuell-menschheitliche »Welt des Märchens« hinein. Dieser Grundgedanke trägt deutlich die Züge nicht marxistischer, sondern vielmehr frühromantischer Reflexion; und diese erst dürften es gewesen sein, die den Gedanken für Thomas Mann anziehend machten:

> […] im Märchen kommt kein Mensch, sondern der Menschenstamm vor. Vielleicht ist das Märchen eine Erinnerung an das goldene Zeitalter, als noch kein Mensch von der Menschheit losgerissen war. Vielleicht ist es eher die Vorahnung einer Zukunft, wann [!] jeder einzelne Mensch stark

genug sein wird, die ganze Menschheit zu sein, statt bloß ein abgebrochenes Stück von ihr.[2]

Indem Thomas Mann seine typisierten Figuren unmerklich als Märchenfiguren gestalte, schaffe er eine erzählerische Wirklichkeit, die der außerliterarischen gerade nicht gegenüberstehe, sondern in ihr diese mythische Totalität wiederentdecke.

Auch diese spekulativ-romantische Romandeutung greifen die *Betrachtungen* des Konvertiten – der schon 1915 Bahr als den »einzigen« gerühmt hatte, »der geistig irgend etwas *merkte*«[3] – nun wieder auf. Diesmal aber misslingt das Bemühen, es höhnisch ins Gegenteil zu wenden.

Dieses Misslingen könnte in den innersten, produktiven Kern dessen führen, was jenseits von Zeitgeist und Rollenkonflikten Thomas Manns antidemokratisches Ressentiment ausmacht und zugleich die Bedingung seiner Selbstüberwindung bildet. Dass sich der erklärte Vernunftrepublikaner in seiner aufsehenerregenden Rede *Von deutscher Republik* (1922) ausgerechnet auf Novalis' *Glaube und Liebe* und ihre Verklärung der Monarchie als demokratischen Kronzeugen beruft (GKFA 15.1, 537–540), ist oft belächelt worden. (Nicht anders die drei Jahre später, in *Deutschland und die Demokratie*, aufgestellte Behauptung, ausgerechnet Nietzsche sei ein Lehrer der Demokratie gewesen, weil er »die Demokratie zur Vorbedingung erklärt hat eines neuen Adels«; ebd., 948.) Im Licht des Prinzenromans und seiner Reflexion in den *Betrachtungen* aber liest sich Thomas Manns Postulat nicht ganz so abwegig. Die »Idee einer Verbindung von Freiheit und Gleichheit«, wie sie »noble Republiken stets« auszeichne: Das ist für ihn am Ende nichts anderes als ebenjene »Demokratie von Königen«, die Novalis proklamiert habe. Royalistisches Jakobinertum, eine Demokratie von Königen, eine Republik ohne Plebs – was sich 1922 anhören konnte wie ein zwischen den Systemen noch verlegen-unentschiedenes Aperçu, das umschrieb doch eine Synthese, der sich der Ro-

man *Königliche Hoheit* schon längst angenähert hatte. Im kalifor-
nischen Exil, am 28. April 1944, hat Thomas Mann an Agnes
E. Meyer geschrieben,

> Ich glaube, man darf in dem seither übertroffenen und leicht
> zu übertreffenden Märchen-Roman einen Markstein sehen
> in der Entwicklung, die zur Zeit der »Betrachtungen« durch
> das Aufbegehren des protestantischen und romantisch-anti-
> politischen Elementes in mir unterbrochen und dann be-
> wusster wieder aufgenommen wurde. – (TM / AM, 557)

Sein Roman habe den Titelhelden umgeben mit einer ganzen
Phalanx »aristokratischer Monstren«: Auch diese Bemerkung
findet sich ja in Thomas Mann *Betrachtungen*. Und es bleibt in
der Schwebe, ob dies für oder gegen die seinem Roman unterstellte Demokratisierungstendenz spricht. Tatsächlich entwarf
Königliche Hoheit am märchenhaften Ende ja auch eine Gemeinschaft aus stolzen Adligen – Adligen eines allerdings sehr neuen
Typs. Denn vereint unter dem Signum der Hoheit finden sich
hier ja eben die denkbar unterschiedlichsten »Malheurs von
Geburt«, vom körperbehinderten Prinzen bis zur »pagenhaf-
ten« Geliebten und zum jüdischen Arzt. Aber Aristokraten sind
sie auf ihre Weise doch alle, und ihr Adel ergibt sich jedes Mal
allein aus der Verbindung des Stigmas mit seiner tapferen Verteidigung. Nicht von den Hoheiten ist mehr die Rede, sondern
von dieser Hoheit. Dass aus stolzen und leidenden Einzelgän-
gern – eine »wahre Orgie des Individualismus« hat Thomas
Mann den Roman später genannt (1939; GW XI, 576) – eine re-
spektvolle Gemeinschaft der Ungleichen erwächst: das ist die
utopische Quintessenz des Märchens.

Der unpolitische Betrachter resümiert nun nicht nur diese
Grundzüge des Romans, sondern auch Hermann Bahrs Besprechung mitsamt der Pointe, der Roman sei »ein Fanal der neuen
Demokratie«. Die folgenden Sätze wirken in den *Betrachtungen*
wie ein Fremdkörper, und sie enthüllen ebendeshalb für einen

Moment ein Fundament dieses Buches. »Mit Unrecht?«, fragt
Thomas Mann nach der Lektüre Bahrs.

> Wurde in ›Königliche Hoheit‹ nicht ein kleiner einsamer
> Ästhet zum Volkswirt und zu ›tatkräftiger Menschlich-
> keit‹, wie man heute sagen würde, erzogen? Und wodurch?
> Durch die Liebe! Aber das ist im höchsten Grade zivilisa-
> tionsliterarisch. Und ich würde auf einen so hohen Grad von
> Fortgeschrittenheit noch stolzer sein, als ich es ernstlich
> bin, wenn unterdessen ›die Liebe‹ nicht zur intellektuellen
> Moderichtung, zum literarisch-politischen Oppositions-
> programm geworden wäre, – und wenn ich das nicht über-
> aus schamlos fände. (GW XII, 97)

Wäre es also nicht schamlos, wie die Mode die Wörter triviali-
siert hat, so wäre dieser Feind des Zivilisationsliteraten mit
Stolz selber einer. (Wie er es in der Pragmatik solcher Sätze ja
schon längst ist.)

Das Ressentiment gegen »die Demokratie« – in seinem Kern
ist es weder so nationalistisch noch so »militaristisch«, wie es
sich angestrengt ausgibt. In seinem Kern ist es ein aristokrati-
sches Bewusstsein, das sich im Laufe dieser Selbstaufklärung als
das Beharren auf dem unveräußerlichen Adel des Einzelnen
wiederentdeckt, als das es einmal begonnen hatte. Ob der ver-
krüppelte Märchenprinz wirklich so »populär« ist, wie der Roman das behauptet und wie es im Laufe der Handlung zunehmend als eigentliche, ja einzige Legitimation seiner Herrschaft
erscheint: das entscheidet hier allein der *populus*, der sich, in
einer bezeichnenden Mischung politisch-repräsentativer und
ästhetischer Kategorien, von ihm »dargestellt« findet und in
deren Chor der Erzähler im Laufe des Geschehens immer ver-
nehmlicher einstimmt. Ein moderner Gesellschaftsbegriff freilich ergibt sich auch daraus nicht, selbst wenn Thomas Mann
sich redlich bemüht hat (und das später stets lobend hervorhebt), seinem Fürsten rasch auch noch die Grundbegriffe von

Ökonomie und Sozialfürsorge beizubringen. Es bleibt beim
Novalis nachgeträumten, romantischen Traum: von einer
Adelsgesellschaft aus lauter stigmatisierter Hoheit.

5. Happy End

Nach dem Ende des langen nationalkonservativen Rausches
und des noch längeren Katers, in der Republikrede 1922 (und
dann im *Zauberberg*) wird Thomas Mann das alles mühsam, im
Festhalten an den *Betrachtungen* und in ihrer Überwindung zugleich, neu buchstabieren lernen. Als der zum Republikaner
Konvertierte seinen Zuhörern, noch unter dem Schock der Ermordung Rathenaus, da versicherte, er wisse »von keiner Sin-
nesänderung«, er habe »vielleicht meine Gedanken geändert –
nicht meinen Sinn« (GKFA 15.1, 583), da hielten das viele für
eine rhetorische *captatio benevolentiae*. Es war aber die schlichte
Wahrheit (und Thomas-Mann-Forscher wie Hermann Kurzke,
Hans-Joachim Sandberg, Terence J. Reed und Herbert Lehnert
haben den Nachweis im Detail geführt). Wenn die Politik sich
›unpolitisch‹ bejahen ließ, dann geschah das hier, in dieser Mischung aus Novalis und Walt Whitman. *Dass* es allerdings aus
diesem Geist nun doch und mit größter Entschiedenheit geschah, das haben ihm diejenigen nie verziehen, als deren Gesin-
nungsgenosse er sich leidenschaftlich und umsonst ausgab.
Die gerade rechtzeitige Entdeckung der homoerotischen Leidenschaft von Walt Whitmans demokratischen Hymnen auf
die amerikanische Republik und der deutschen Wandervogel-
Erotik Hans Blühers machte die Zustimmung zur Republik gewiss leichter.[4] Ihr Kern aber war noch immer (oder von neuem)
die Synthese, die im Prinzenroman schon entworfen worden
war. Zu ihr musste er, über sich selbst aufgeklärt, zurückkehren, auf dem langen Umweg durch die Kriegsschriften hindurch, von der um sich schlagenden Aggression im Spätsom-

mer 1914 über deren quälende Reflexion bis zur Aufgabe, die sich als Selbstüberwindung romantischer »Sympathie mit dem Tode« inszenierte. Hätte er auf diesem Weg nicht so viele Sympathisanten geworben, es wäre ein *happy end* gewesen.

Nachbemerkung

Dieses Buch ist hervorgegangen aus meiner Mitwirkung an der seit 2002 erscheinenden *Großen kommentierten Frankfurter Ausgabe* der Werke, Briefe und Tagebücher Thomas Manns (GKFA). Es unternimmt den Versuch, einen Teil jener Beobachtungen und Überlegungen, die sich im Laufe dieser Arbeiten ergeben haben, zusammenhängend darzustellen und dabei das Licht der Aufmerksamkeit vor allem auf jene Texte zu richten, die bislang eher im Dämmerschein des Interesses gelegen haben. Vieles davon ist in den Kommentaren zu den frühen Essays (GKFA 14.2) und zu dem Roman *Königliche Hoheit* (GKFA 4.2) entwickelt, anderes zu unterschiedlichen Anlässen skizziert worden in Aufsätzen und Vorträgen, die als – jeweils eingreifend überarbeitete und erweiterte – Vorarbeiten in dieses Buch eingegangen sind.[1]

Dieser Versuch entspringt zunächst dem einfachen Umstand, dass manche interpretierenden Schlussfolgerungen in philologischen Kommentaren keinen Platz haben, in thematisch eingegrenzten Erörterungen aber wiederum nur ausschnitthaft umrissen werden können. Er entspringt aber auch dem Wunsch, diese Zusammenhänge aus einem Text- und Kommentar-Konvolut herauszulösen, das mittlerweile allein für die hier einschlägigen Bände mehrere tausend Druckseiten umfasst. Die Darstellung soll sich auch an nicht im engeren Sinne philologisch interessierte Thomas-Mann-Leser richten. Daraus ergibt sich hier eine entschiedene Reduktion philologischer Einzelnachweise und mancher Forschungsdebatten. Entlastet durch die Kommentare der GKFA, soll hier eine zentrale und produktive Denkfigur Thomas Manns lesbar und in bewusster perspektivischer Beschränkung entfaltet werden.

Der Zeitpunkt dafür scheint insofern geeignet, als mit den
jetzt vorliegenden Bänden der GKFA (unter anderem) das frühe
Werk Thomas Manns umfangreich kommentiert und in seiner
Entstehungs- und Wirkungsgeschichte dokumentiert vor-
liegt: die Romane *Buddenbrooks* und *Königliche Hoheit*, die Erzählungen von 1893 bis zum *Tod in Venedig*, die essayistischen Arbeiten von 1893 bis 1926 und eine umfangreiche Auswahl der
Briefe von 1889 bis 1923 – ein Textcorpus also, für das man den
gebräuchlichen Ausdruck ›Frühwerk‹ doch nur zögernd verwenden möchte; immerhin stand Thomas Mann zum Zeitpunkt der großen Zäsur von 1914 bereits in seinem vierzigsten
Lebensjahr.

Gerade weil die Hinweise auf Forschungsliteratur sich hier
auf das unmittelbar Notwendige beschränken, sollen zumindest einige der Arbeiten genannt sein, denen ich dauerhafte
Anregungen verdanke. Aus Hans Mayers großem Essay *Außenseiter* habe ich zuerst gelernt, die literarische Reflexion gesellschaftlicher Ausgrenzungen von Juden, Homosexuellen und
Frauen als zusammengehörige Phänomene wahrzunehmen.[2]
Karl Werner Böhms Buch zu Stigma und Stigma-Bearbeitung
beim jungen Thomas Mann ist auch dort eine im Wortsinn
grundlegende Studie geblieben, wo ich von seinen Deutungs-
mustern abweiche;[3] Hans Wyslings kommentierte Pionier-
Editionen der Notizen zum *Maja*-Projekt, zu *Tonio Kröger* und
zu *Geist und Kunst* haben das für das Thema aufregendste Material zuerst zugänglich gemacht.[4] Eckhard Heftrichs Analyse der
Beziehungen von »Judentum« und »Deutschtum« bei Thomas
Mann (erschienen im ersten Band des Thomas-Mann-Jahr-
buchs, 1988) hat noch immer so wenig von ihrer Anregungs-
kraft verloren wie, auf andere Weise, Ruth Klügers leidenschaftlicher Essay über jüdische Gestalten im erzählerischen Werk;
und Hans Rudolf Vagets präzise Textanalysen (zuletzt von
Wälsungenblut) haben den Leserblick beharrlich sensibilisiert.[5]

Stefan Breuer hat den sozial- und mentalitätsgeschichtlichen Kontext von Thomas Manns frühen Auseinandersetzungen mit Juden und Judentum erhellt.[6] Und Hermann Kurzke hat mir die Verflechtungen zwischen Auto-Biographie, Essayistik und Fiktion ebenso nachhaltig vor Augen geführt wie die Produktivität vieler im Frühwerk entwickelter Gedankengänge weit über diese Zeit hinaus.[7]

Für Gespräche, Hinweise, mitlesendes Nachdenken danke ich Christine Detering, Berit Johannsen, Ruth Klüger, Marita Keilson-Lauritz, Hermann Kurzke, Werner Frizen, Hans-Joachim Sandberg und meinen Kieler und Göttinger Oberseminaren. Dankbarer, als sich das in zwei Zeilen sagen lässt, bin ich Roland Spahr für seine Aufmerksamkeit und Geduld und Stephan Stachorski für seine unermüdliche Kritik- und Hilfsbereitschaft.

Heinrich Detering

Anmerkungen

Erstes Kapitel: Othello und Fräulein Kröger

1 Dazu und zur Auseinandersetzung mit der Homoerotik in *Tonio Kröger* und *Der Tod in Venedig* ausführlich das VII. Kapitel meines Buches *Das offene Geheimnis*. Zur literarischen Produktivität eines Tabus. 2. Aufl. Göttingen 2002.

2 *Bilse und ich* (1906); GKFA 14.1, 102.

3 Brief vom 7. Juni 1907 an Heinrich Mann; GKFA 21, 376.

4 Vgl. Erving Goffman: *Stigma. Über Techniken der Bewältigung beschädigter Identität.* 11. Auflage [der deutschen Übersetzung], Frankfurt/Main 1994, S. 18.

5 Dazu – und zur weiteren Entwicklung der Figurenkonzeptionen im Werk Thomas Manns – grundlegend Wolfgang Schneider: *Lebensfreundlichkeit und Pessimismus. Thomas Manns Figurendarstellung.* Frankfurt/Main 1999 (Thomas-Mann-Studien, Bd. 19).

6 Die amerikanische Ausgabe erschien zuerst 1963, die deutsche Übersetzung 1967.

7 Ich verwende diese Begriffe hier im Sinne des frühen Foucault (*L'ordre du discours*, Paris 1972; deutsch *Die Ordnung des Diskurses*, Frankfurt/Main 1991).

8 Jürgen Hohmeier: *Stigmatisierung als sozialer Definitionsprozess.* In: Manfred Brusten/Jürgen Hohmeier (Hg.): *Stigmatisierung 1: Zur Produktion gesellschaftlicher Randgruppen.* Neuwied/Darmstadt 1975, S. 7. Vgl. auch Asmus Finzen: *Psychose und Stigma: Stigmabewältigung – zum Umgang mit Vorurteilen und Schuldzuweisungen.* Bonn 2000.

9 *Die Lösung der Judenfrage* (GKFA 14.1, 177); *Das Ewig-Weibliche*: »Uns armen Plebejern und Tschandalas« (ebd., 59).

10 Eine konzise und kritische Darstellung der gegenwärtigen soziologischen und pädagogischen Diskussion gibt Günther Cloerkes: *Die Stigma-Identitäts-These.* In: *Gemeinsam leben. Zeitschrift für integrative Erziehung* 3 (2000), S. 104–111.

11 Yahya Elsaghe: *Judentum und Schrift bei Thomas Mann.* In: *Thomas Mann und das Judentum*, hg. von Manfred Dierks u. Ruprecht Wimmer. Frankfurt/Main 2004, S. 59–73 (Thomas-Mann-Studien, Bd. 30).

12 Dazu grundlegend Dietz Bering: *Der Name als Stigma. Antisemitismus im deutschen Alltag 1812–1933.* Stuttgart 1987.

13 Herman Bang: *Gedanken zum Sexualitätsproblem.* Kommentierter Wiederabdruck in: *Forum Homosexualität und Literatur* 10 (1990), S. 63–81, hier S. 76f. (zuerst Berlin 1909).

14 Karl Werner Böhm: *Zwischen Selbstzucht und Verlangen. Thomas Mann und das Stigma Homosexualität. Untersuchungen zu Frühwerk und Jugend.* Würzburg 1991 (Studien zur Literatur- und Kulturgeschichte, Bd. 2).

Zweites Kapitel: »Das Ewig-Weibliche«

1 Vgl. besonders das 7. Notizbuch (Nb. II, 42 – 90) und TMS I, 23 – 47.

2 Der bislang unbekannte Brief wird in Toni Schwabes Nachlass (wörtlich?) zitiert. Die Anspielung bezieht sich darauf, dass Langen wegen einer Affäre um eine Majestätsbeleidigung im *Simplicissimus* vorsichtshalber für einige Zeit Deutschland verlassen hatte.

3 Goethe- und Schiller-Archiv, Weimar, Sign. 141 / 1, Bl. 2. Der Wortlaut lässt nicht eindeutig erkennen, ob es sich tatsächlich schon um den Text des Essays handelte oder um eine frühere Fassung. Da aber der Ausdruck »die Kritik« am ehesten im Sinne von ›die Rezension‹ verstanden werden kann und es schwer vorstellbar ist, dass Thomas Mann zwischen seiner ersten brieflichen Reaktion und dem Anfang 1903 geschriebenen Essay noch einen weiteren Text zum selben Thema geschrieben haben sollte, spricht alles dafür, dass er der Autorin *Das Ewig-Weibliche* geschickt hat. – Für den Hinweis auf diese nachgelassenen Texte Toni Schwabes danke ich Berit Johannsen.

4 Dazu grundlegend Herbert Lehnert: *Weibliches, Männliches und Väterliches als Ausdruck des Bruderzwistes.* In: *Thomas-Mann-Jahrbuch* 5 (1992), S. 25 – 41. Zur »Märtyrerin als alter ego« vgl. auch den Schwabe-Abschnitt in Karl Werner Böhm (s. Erstes Kapitel, Anm. 14), S. 185 – 188.

5 Implizit richtet sich der Passus vielleicht darüber hinaus auch gegen Nietzsches vitalistisches Anathema über die »Welt des Ewig-Weiblichen« in *Ecce homo* (1888; KSA 6, 306 f.).

6 Toni Schwabe: *Die Hochzeit der Esther Franzenius. Roman.* München 1902; hier im Folgenden zitiert: TS, Seitenzahl.

7 TS, 16 – 19; ähnlich wieder 172.

8 TS, 51 f., 90, 101; auch im Zusammenhang der Liebesgeschichte zwischen Esther und Arne erwacht »wieder« Esthers »lange, bittere und kummervolle Sehnsucht nach Eliza, dem Kind« (TS, 108), deren Ausdruck dann Esthers Briefe sind (126, 177 ff.).

9 Dazu Hans Wyslings grundlegende Beiträge *Zu Thomas Manns »Maja«-Projekt* und *Dokumente zur Entstehung des »Tonio Kröger«* in: *Thomas-Mann-Studien*, Bd. 1, S. 23 – 63; auch das Thomas-Mann-Kapitel in meinem Buch *Das offene Geheimnis* (s. Erstes Kapitel, Anm. 1). Zum biographischen und werkgeschichtlichen Kontext grundlegend Böhm, a. a. O.

10 Das »ungeheure Gelächter« spielt auf Nietzsches *Zarathustra* an.

11 Elfriede Kurtzer: *Lesbos in der Dichtung der letzten Jahrzehnte.* In: *Der Eigene*, Jg. 13, H. 7, S. 211. Zu Programm und Aktivitäten dieser Zeitschrift und des konkurrierenden Hischfeld'schen Jahrbuchs vgl. Marita Keilson-Lauritz: *Die Geschichte der eigenen Geschichte. Literatur und Literaturkritik in den Anfängen der Schwulenbewegung.* Berlin 1997 (mit umfangreichem bibliographischem Anhang). Toni Schwabes Nachdichtung der »Lieder der Bilitis an Mnasidika«

ist z.T. aufgenommen in ihren Gedichtband *Komm kühle Nacht. Verse.* München/Leipzig 1908. – Begraben ist Toni Schwabe in Weimar, in Sichtweite der Fürstengruft.

12 *Monatsbericht des Wissenschaftlich-Humanitären Komitees,* 1. Juli 1906, S. 146.

13 *Jahrbuch für sexuelle Zwischenstufen* 1910, S. 441.

14 Gertrud Topf lebte von 1881 – 1918. Vgl. den von Manfred Herzer hg. Katalog: *Goodbye to Berlin. 100 Jahre Schwulenbewegung.* Berlin 1997, dort auch ein Porträt Toni Schwabes.

15 *Jahrbuch für sexuelle Zwischenstufen* 1902, S. 975.

16 Als Verfasser wird ein »Dr. Grün-Leschkirch« angegeben; vermutlich handelt es sich um den im ungarischen Leschkirch tätigen Arzt Moritz Grün (dazu Keilson-Lauritz, s. Erstes Kapitel, Anm. 11, S. 251 f.).

17 Verfasser ist der literarische Rezensent des Blattes, Numa Praetorius (d. i. Eugen Wilhelm); *Jahrbuch für sexuelle Zwischenstufen* 6 (1904), S. 456 und 610.

18 Gabriele Reuter: *Liselotte von Reckling. Roman.* Berlin 1904 (erschienen bereits Ende 1903); hier im Folgenden zitiert nach der Neuausgabe in »Fischers Bibliothek zeitgenössischer Romane«, Frankfurt o. J. [1909]: GR, Seitenzahl. Einbezogen werden in Thomas Manns Besprechung auch Reuters Romane *Aus guter Familie. Leidensgeschichte eines Mädchens* (1896) und *Frau Bürgelin und ihre Söhne* (1899) sowie die Tagebucherzählung *Ellen von der Weiden* (1901) und die Novellensammlung *Frauenseelen* (1902).

19 Walter Killy: *Deutscher Kitsch.* Göttingen 1962.

20 GR, 142; z.T. wörtliche Wiederholung GR, 164.

21 Die sich später freilich, wie Thomas Mann erleichtert vermerkt, in etwas drastischer Ironie als ein Fräulein »Meyer« erweisen wird (GR, 215).

22 Abgesehen von der Bemerkung, es walte eine »gewisse christliche Atmosphäre« in dem Buch (GKFA 14.1, 70).

23 Ich beschränke mich hier auf die *gender*-bezogenen Überlegungen; die nicht minder allgemeinen Ausführungen über andere Themen sind ausführlich erörtert bei Peter de Mendelssohn (*Der Zauberer. Das Leben des deutschen Schriftstellers Thomas Mann,* überarbeitete und erweiterte Neuausgabe. Frankfurt/Main 1996, S. 858 – 864) und Karin Tebben (»*Man hat das Prinzip zur Geltung zu bringen, das man darstellt.« Standortbestimmung Thomas Manns im Jahre 1904: »Gabriele Reuter«,* in: *Thomas-Mann-Jahrbuch* 12 (1999), S. 77 – 97).

24 GW IX, 275; in Nietzsches *Jenseits von Gut und Böse* lautet die Formulierung: »bis in den letzten Gipfel seines Geistes hinauf« (KSA 5, 87).

25 Das »wir«, das hier vom Ewig-Weiblichen hinangezogen wird, ist in Thomas Manns (wie in Ricarda Huchs) Verständnis dieser Formulierung dasjenige eines in seinen Ursprüngen männlichen, das den ersten strebenden Schritt auf die Erlösung hin selbst getan hat, als es sich bewusst vom einen Geschlecht abstieß und sich zwischen und in Thomas Manns lebenslanger Vorstellung damit auch *über* die Geschlechter stellte.

26 Ricarda Huch: *Blüthezeit der Romantik*. Leipzig 1899; hier im Folgenden zitiert: RH, Seitenzahl.

27 Zur Erläuterung dieser möglichen Zusammenhänge muss ich mich hier mit dem Hinweis auf den Kommentar im ersten Essay-Band der *Großen kommentierten Frankfurter Ausgabe* begnügen. Vgl. aber auch den Kommentar von Hermann Kurzke und Stephan Stachorski: »Mit seinem Plädoyer gegen eine antirationale Kunstauffassung knüpfte er an ästhetische Positionen an, die die Vorkriegs-Essayistik dominieren [...] und die Notizen zu dem geplanten Literaturessay *Geist und Kunst*.« (E II, 374)

28 Erneut zitiert im Brief an Agnes E. Meyer vom 13. Mai 1939. Vgl. auch Werner Frizens Kommentar zu *Lotte in Weimar*; GKFA 9.2, 509 f.

29 Vgl. in *Die Ehe im Übergang* (1925) die Bemerkungen zur »Verselbständigung und Befreiung der [...] in gewissem Sinn vermännlichten Frau« und die komplementäre Entwicklung des »Jünglings«, dessen Schönheit sich »der weiblichen annähert«, als Erscheinungsformen eines sich gegenwärtig vollziehenden »Ausgleich[s] zwischen den Geschlechtern, der zu den allermerkwürdigsten Phänomenen der wahren, der inneren Geschichte gehört« (GKFA 15.1, 1028). Auch dieser Gedanke wiederholt sich in den *Josephs*-Romanen: »etwas Gottesfestliches ist es um solchen Tausch von alters her, wenn sich in Weibertracht ergehen die Männer und im Kleide des Mannes das Weib und die Unterschiede dahinfallen.« (GW V, 1119)

30 Die Hervorhebung ist diejenige Thomas Manns. Schon in seinem Exemplar ist die gesamte Passage am Rand angestrichen; die Worte »die gefährlichsten Hindernisse der Menschlichkeit« sind zusätzlich unterstrichen (RH, 208). Zumal dieser Argumentationsgang, aber auch schon die Grundgedanken des Schwabe-Essays scheinen mir Böhms Annahme entschieden zu widersprechen, Thomas Manns »Desinteresse an ›der‹ Frau« stehe ein »Interesse am ›Weiblichen als Prinzip‹« gegenüber, das sich aber seinerseits »als ausgesprochen konventionell« erweise und einer »vorgegebenen klassisch patriarchalen Definition« folge (Böhm, s. Erstes Kapitel, Anm. 14, S. 192).

Drittes Kapitel: »Künstlerjude«

1 Zu dem völkisch-nationalistischen Literaturwissenschaftler Adolf Bartels vgl. hier S. 87–90.

2 Eine instruktive Übersicht über Wiederkehr und Wandlungen jüdischer Stereotype im Werk Thomas Mann gibt Thomas Klugkist: *Thomas Mann und das Judentum. Eine Collage*. In: *Thomas Mann und das Judentum* (vgl. Erstes Kapitel, Anm. 11), S. 163–192.

3 Dazu ausführlicher unten S. 132 f.

4 So in *Bilse und ich* (1906), GKFA 14.1, 103. Eingedenk der erst im Rückblick wahrnehmbaren autobiographischen Offenheit möchte man Reinhart Baumgarts Formel vom »sado-masochistischen« Grundzug dieser und anderer früher Erzählungen übernehmen.

5 Vgl. GKFA 2.1, 518 f.

6 So in *Gladius Dei* (1902), GKFA 2.1, 233.

7 Andeutend wird darauf angespielt, dass Caspar zum Objekt auch eines homoerotischen Begehrens wird (in der Formulierung, wie »seltsam zwiespältig und schrecklich sein [Stanfords] Verhältnis zu Caspar gestaltet« sei). Im letzten Satz erst wird dann Wassermann (anspielend auf seinen Romantitel *Die Juden von Zirndorf*; 1897, überarbeitet 1906) als »der Jude von Zirndorf« apostrophiert. In beiden Hinsichten erscheint es als ästhetische Leistung des Romans, »auf eine wie zarte und ahnungsvolle Weise« sein Held »zum Sinnbild erhöht« sei (»*Wassermanns ›Caspar Hauser*‹«, GKFA 14.1, S. 197–199).

8 Vgl. die Kapitel zu Andersen und Bang in *Das offene Geheimnis* (wie Erstes Kapitel, Anm. 1); zu Thomas Manns Andersen-Rezeption Michael Maar: *Geister und Kunst. Neuigkeiten aus dem Zauberberg*. München 1995.

9 Die Lektüre von Adelbert von Chamissos Erzählung *Peter Schlemihls wundersame Geschichte* (in Thomas Manns Nachlass befindet sich die Ausgabe München 1907) berührt sich darum auch mit dem Plan eines *Faustus*-Romans (1905; vgl. Nb. II, 107 und 122). Chamissos Text wird hier zitiert: AC, Seitenzahl.

10 Vgl. oben S. 10 f.

11 Theodor Lessing: *Samuel zieht die Bilanz. Eine Satire*. In: *Die Schaubühne*, 20.1.1910, S. 11, 65 und 68.

12 Zur Verschränkung von Stereotypen des ›Jüdischen‹ und des ›Unmännlichen‹ vgl. George L. Mosse: *Das Bild des Mannes. Zur Konstruktion der modernen Männlichkeit*. Frankfurt/Main 1997.

13 »Ich würde mich nicht ›getroffen‹ fühlen«, hat Thomas Mann 1918 bei ähnlicher Gelegenheit bemerkt, »wenn nicht alle Voraussetzungen zu solcher Kritik meiner Natur in mir selber wären.« (Tagebuch, 5. November 1918)

14 Zu diesem hier einschlägigen historischen Modell grundlegend Hans Mayer, *Außenseiter*, Frankfurt/Main 1975, im Kapitel *Der Streit zwischen Heine und Platen*.

15 [*Selbstbiographie I*]: »Meine Mutter stammt aus Rio de Janeiro; ihre Mutter war Kreolin, ihr Vater jedoch ein Deutscher.« (GKFA 14.1, 78); [*Selbstbiographie IV*]: Die Mutter sei »aus Rio de Janeiro gebürtig, halb deutscher, halb kreolischer Abstammung« (GKFA 14.1, 375). In Bartels' rassistischen Spekulationen galten gerade die Portugiesen als besonders jüdisch beeinflusst.

16 »Ostmarkklänge. Gedichte von Theodor Hutter.«, GKFA 14.1, 29–32; *Kritik und Schaffen*, ebd., 47–50.

17 In der am sorgsamsten ausgearbeiteten seiner aphoristischen Notizen [II], GKFA 14.1, 214 f.

18 Vgl. dazu GKFA 14.2, 489–495.

19 »Ihre Rede war mit sonderbaren und an Kehllauten reichen Worten durchsetzt, Ausdrücken aus dem Dialekt ihrer Kindheit.« (GKFA 2.1, 435)

20 Dazu Hans Rudolf Vaget: »*Von hoffnungslos anderer Art.*« *Thomas Manns »Wälsungenblut« im Lichte unserer Erfahrung*. In: *Thomas Mann und das Judentum* (vgl. Erstes Kapitel, Anm. 11), S. 35–57.

21 Vgl. die humoristische Selbstdarstellung in *Im Spiegel* (GKFA 14.1, 181–184), aber auch den Notizbucheintrag von 1904 über das »Leben [...], wie ich es wenigstens bis zu meiner Verheiratung geführt habe: die Faulenzerei, die Langeweile, eine Postkarte verfassen, ist oft die Leistung des Tages, Klavier- u. Violinspiel. [...] Bei der Lektüre eigentlich unfähig, sondern sich nur vom Rhythmus der Prosa tragen lassend.« (GKFA 4.2, 353)

22 Vgl. *Bilse und ich*, GKFA 14.1, 108.

Viertes Kapitel: Der Fürst der Außenseiter

1 Vgl. dazu in GKFA 14.1 *Bilse und ich* (95–111) sowie *Ein Nachwort* (88–92) und die beiden Vorworte zu den Buchausgaben von *Bilse und ich* (112–114 und 288–291).

2 Vgl. hier S. 9.

3 In seinem (in einem Nachruf auf Eduard von Keyserling versteckten) Nekrolog auf Bang wird Thomas Mann dann diesen Bruder im erotischen und literarischen Geiste seinerseits einen »Artisten und Exzentrik« nennen (GKFA 15.1, 226).

4 So Michael Neumann in seiner sonst so umsichtigen Einführung *Thomas Mann, Romane*. Berlin 2001, S. 48–53.

5 *Frage und Antwort. Interviews mit Thomas Mann 1909–1955*, hg. von Volkmar Hansen u. Gert Heine. Hamburg 1983, S. 49.

6 Nb. II, 86. Vgl. Thomas Manns Brief an Toni Schwabe vom 29. 5. 1903: »Ihre Abgeschlossenheit kann nicht größer sein, als die meine.« (GKFA 21, 227)

7 GKFA 4.2, 349; gemeint ist der amerikanische Bankier John Pierpont Morgan (1837–1913).

8 Brief an Hilde Distel, 14. November 1906; GKFA 21, 370 f. Die von Thomas Mann hervorgehobene Redewendung zitiert Chamissos *Peter Schlemihl* (vgl. hier S. 73–75).

9 Zu diesem Motiv vgl. unten S. 159f.

10 26. Januar 1911, GKFA 21, 472; vgl. die auf diesen Artikel anspielende Bemerkung an Martin Havenstein: »Ich bin ein Mensch, der die ›Deutsche Tageszeitung‹ freilich nicht lesen kann (und sie hält mich für einen Juden)«, am 9. Mai 1912; GKFA 21, 497.

11 Und da eine Verbindung der protestantischen Leistungsethik mit Nietzsches Übermenschentum einen erwünschten satirischen Nebeneffekt abwarf, hieß der leidende Lehrer fortan »Raoul Überbein«; »Raoul« war der Vorname des frühen Nietzsche-Biographen Richter (Friedrich Nietzsche. *Sein Leben und sein Werk.* Leipzig 1903).

12 Gemeint ist die mit Pringsheims befreundete und die Verbindung Katias mit Thomas Mann fördernde Familie des Justizrats Bernstein. Auf das männliche, auf Ibsen anspielende Pseudonym »Ernst Rosmer«, das sich Elsa Bernstein für ihre literarischen Arbeiten beilegte, spielte Thomas Mann in seinem zweiten Weiblichkeits-Essay an (*Gabriele Reuter*, 1904).

13 So Katia Mann in Peter de Mendelssohn: *Der Zauberer. Das Leben des deutschen Schriftstellers Thomas Mann*, Bd. II. Frankfurt / Main 1996, S. 1191.

14 Mendelssohn ebd., S. 1193; Loebs Name erscheint einmal auch in den Notizen zu *Königliche Hoheit* (GKFA 4.2, 492).

15 Vgl. hier S. 8 f. und 12.

16 Wie Martini dem Schriftstellerfreund Kurt Martens den Namen, Thomas Manns selbstironischen Darstellungen seiner eigenen Existenz (bis in den *Tonio Kröger* hinein) aber das Innenleben verdankt, so stellt ja auch Albrecht II., der die äußeren Züge Heinrichs trägt, eine psychologische Selbstkarikatur der (in *Tonio Kröger*) angedeuteten Transformation des Künstlers in den Aristokraten dar.

17 Vgl. hier S. 132 f.

18 Wörtlich übernommen aus der Schilderung Siegmunds und Sieglinds (*Wälsungenblut*, GKFA 2.1, 438) in die Charakterisierung Immas (GKFA 4.1, 258).

19 Michael Maar hat das zuerst entdeckt: *Geister und Kunst. Neuigkeiten aus dem Zauberberg.* München 1995, S. 102.

20 In Thomas Manns (im Zürcher Archiv erhaltener) Ausgabe von *Andersens Märchen*, S. 463.

21 Ebd., S. 464.

22 Dazu Joachim Rickes: *Der sonderbare Rosenstock. Eine werkzentrierte Untersuchung zu Thomas Manns Roman ›Königliche Hoheit‹.* Frankfurt / Main 1998.

Fünftes Kapitel: Im Krieg der Gedanken

1 Dazu grundlegend Hermann Kurzke: *Auf der Suche nach der verlorenen Irrationalität. Thomas Mann und der Konservatismus.* Würzburg 1980.

2 Hermann Bahr: »Königliche Hoheit«. In: *Die Neue Rundschau* (Berlin), 20. Jg., H. 12, Dezember 1909, S. 1803–1808.

3 Brief an Paul Amann, 1. Oktober 1915; GKFA 22, 101.

4 Vgl. dazu wiederum Hermann Kurzke (wie Fünftes Kapitel, Anm. 1) sowie Kurzkes Artikel zu den *Betrachtungen* in Helmut Koopmann (Hg.): *Thomas-Mann-Handbuch*, Stuttgart 1990, S. 678–695, und immer noch Klaus Bohnen: *Argumentationsverfahren und politische Kritik bei Thomas Mann.* In: *Gedenkschrift für Thomas Mann 1875–1975*, hg. von Rolf Wiecker. Kopenhagen 1975, S. 171–195.

Nachbemerkung

1 »Das Ewig-Weibliche«. Thomas Mann über Toni Schwabe, Gabriele Reuter und Ricarda Huch. In: Thomas-Mann-Jahrbuch 12 (1999), S. 149 – 169; Juden, Frauen, Literaten. Stigma und Stigma-Bearbeitung in Thomas Manns frühen Essays (1893 – 1914). In: Thomas Mann und das Judentum (vgl. Erstes Kapitel, Anm. 11), S. 15 – 34; Im Krieg der Gedanken. Von Thomas Manns »Gedanken im Kriege« zur Republikrede. In: Merkur 58 (2004), S. 836 – 846.

2 Hans Mayer: Außenseiter. Frankfurt / Main 1975.

3 Karl Werner Böhm: Zwischen Selbstzucht und Verlangen (s. Erstes Kapitel, Anm. 14).

4 In: Paul Scherrer / Hans Wysling: Quellenkritische Studien zum Werk Thomas Manns. Bern / München 1967 (Thomas-Mann-Studien, Bd. 1).

5 Eckhard Heftrich: Thomas Manns Verhältnis zum Deutschtum und Judentum. In: Thomas-Mann-Jahrbuch 1 (1988), S. 149 – 166. – Ruth Klüger: Thomas Manns jüdische Gestalten (zuerst engl., Festschrift Herbert Lehnert, Tübingen 1990). In dies.: Katastrophen. Über deutsche Literatur. Göttingen 1994, S. 39 – 58. – Hans Rudolf Vaget: Thomas Mann – Kommentar zu sämtlichen Erzählungen. München 1984, sowie »Von hoffnungslos anderer Art.« Thomas Manns »Wälsungenblut« im Lichte unserer Erfahrung (s. Drittes Kapitel, Anm. 20).

6 Stefan Breuer: Das »Zwanzigste Jahrhundert« und die Brüder Mann. In: Thomas Mann und das Judentum (s. Erstes Kapitel, Anm. 11), S. 75 – 95. Wenn ich die von Breuer (im Anschluss an Reinhard Rürup und Johannes Heil) angemahnte Differenzierung von »antijüdischen« und »antisemitischen« Einstellungen hier dennoch nicht befolge, dann geschieht das nicht nur im Blick auf die umgangssprachlich sehr wohl doch beides einschließende Verwendung des Wortes »antisemitisch«, sondern auch aus der Vermutung heraus, dass gerade im besonderen Falle des jungen Thomas Mann eine eindeutige Grenze zwischen »bloßer Bündelung negativer Stereotypen« und deren Ausgestaltung zur weltanschaulichen Doktrin (oder doch dem Anschluss an solche ihm vorgegebenen Unternehmungen) schwerlich zu ziehen ist.

7 Hermann Kurzke: Thomas Mann. Das Leben als Kunstwerk. Eine Biographie. München 1999; vgl. auch ders.: Das Leben als Kunstwerk. Geständnisse eines Thomas Mann-Biographen. In: Kursbuch 148 (2002), S. 127 – 137.

Siglenverzeichnis

Werke Thomas Manns

Br. I – III   Briefe 1889 – 1936; 1937 – 1947; 1948 – 1955
und Nachträge. Hg. v. Erika Mann. 3 Bände.
Frankfurt / Main 1961 – 1965.

E I – VI   Essays. Hg. v. Hermann Kurzke u. Stephan
Stachorski. 6 Bände. Frankfurt / Main 1993 – 1997.

GKFA   Große kommentierte Frankfurter Ausgabe.
Werke, Briefe, Tagebücher.

- *Buddenbrooks*, hg. v. Eckhard Heftrich u. Stephan
  Stachorski. Text (Bd. 1.1) und Kommentar
  (Bd. 1.2). Frankfurt / Main 2002.
- *Frühe Erzählungen 1893 – 1912*, hg. v. Terence J. Reed.
  Text (Bd. 2.1) und Kommentar (Bd. 2.2).
  Frankfurt / Main 2004.
- *Königliche Hoheit*, hg. v. Heinrich Detering. Text
  (Bd. 4.1) und Kommentar (Bd. 4.2).
  Frankfurt / Main 2004.
- *Essays I, 1893 – 1914*, hg. v. Heinrich Detering. Text
  (Bd. 14.1) und Kommentar (Bd. 14.2).
  Frankfurt / Main 2002.
- *Essays II, 1914 – 1926*, hg. v. Hermann Kurzke. Text
  (Bd. 15.1) und Kommentar (Bd. 15.2).
  Frankfurt / Main 2002.
- *Briefe I, 1889 – 1913*, hg. v. Thomas Sprecher,
  Hans R. Vaget u. Cornelia Bernini. Text und
  Kommentar (Bd. 21). Frankfurt / Main 2002.
- *Briefe II, 1914 – 1923*, hg. v. Thomas Sprecher,
  Hans R. Vaget u. Cornelia Bernini. Text und
  Kommentar (Bd. 22). Frankfurt / Main 2004

GW I – XIII   Gesammelte Werke in dreizehn Bänden.
Frankfurt / Main 1974.

Nb. I und II   Notizbücher 1 – 6 und 7 – 14. Hg. v. Hans Wysling
                u. Yvonne Schmidlin. 2 Bände.
                Frankfurt / Main 1991 / 92.
TM / AM   Thomas Mann / Agnes E. Meyer:
                Briefwechsel 1937 – 1955. Hg. v. Hans R. Vaget.
                Frankfurt / Main 1992.
TMS I   Paul Scherrer / Hans Wysling (Hg.):
                Quellenkritische Studien zum Werk Thomas
                Manns. Bern 1967 (*Thomas-Mann-Studien*, Bd. 1).

Werke von fremder Hand

AC   Adelbert von Chamisso: Peter Schlemihls wunder-
                same Geschichte. München 1907.
GR   Gabriele Reuter: Liselotte von Reckling. Roman.
                Berlin 1904.
KSA   Friedrich Nietzsche: Sämtliche Werke.
                Kritische Studienausgabe in 15 Bänden.
                Hg. v. Giorgio Colli u. Mazzino Montinari.
                München 1980.
RH   Ricarda Huch: Blüthezeit der Romantik.
                Leipzig 1899.
TS   Toni Schwabe: Die Hochzeit der Esther Franzenius.
                Roman. München 1902.

Thomas Mann
Große kommentierte Frankfurter Ausgabe
Werke – Briefe – Tagebücher
Herausgegeben von Heinrich Detering,
Eckhard Heftrich, Hermann Kurzke, Terence J. Reed,
Thomas Sprecher, Hans R. Vaget und Ruprecht Wimmer
in Zusammenarbeit mit dem
Thomas-Mann-Archiv der ETH Zürich

Die auf 38 Bände angelegte Edition wird zum ersten Mal
das gesamte Werk, eine umfangreiche Auswahl der Briefe
und die Tagebücher in einer wissenschaftlich fundierten
und ausführlich kommentierten Leseausgabe zugänglich
machen. Nähere Informationen erhalten Sie in Ihrer Buch-
handlung oder unter www.thomasmann.de

»... denn es ist ein Irrtum, zu glauben,
der Autor selbst sei der beste Kenner und
Kommentator seines eigenen Werkes.«
Thomas Mann

S. Fischer

fi 555 018 / 3

Thomas Mann
Tagebücher

Tagebücher 1918-1921
Herausgegeben von
Peter de Mendelssohn
1979. XII, 908 Seiten.
Leinen in Schuber

Tagebücher 1933-1934
Herausgegeben von
Peter de Mendelssohn
1977. XXII, 818 Seiten.
Leinen in Schuber

Tagebücher 1935-1936
Herausgegeben von
Peter de Mendelssohn
1978. VIII, 722 Seiten.
Leinen in Schuber

Tagebücher 1937-1939
Herausgegeben von
Peter de Mendelssohn
1980. X, 990 Seiten.
Leinen in Schuber

Tagebücher 1940-1943
Herausgegeben von
Peter de Mendelssohn
1982. XII, 1200 Seiten.
Leinen in Schuber

Tagebücher 1944-1946
Herausgegeben von
Inge Jens
1986. XVI, 914 Seiten.
Leinen in Schuber

Tagebücher 1946-1948
Herausgegeben von
Inge Jens
1989. XIV, 1042 Seiten.
Leinen in Schuber

Tagebücher 1949-1950
Herausgegeben von
Inge Jens
1991. XVIII, 780 Seiten.
Leinen in Schuber

Tagebücher 1951-1952
Herausgegeben von
Inge Jens
1993. XXIV, 928 Seiten.
Leinen in Schuber

Tagebücher 1953-1955
Herausgegeben von
Inge Jens
1995. XXII, 978 Seiten.
Leinen in Schuber

S. Fischer

fi 666006 / 1

Thomas Mann
Fragile Republik
Thomas Mann und Nachkriegsdeutschland
Herausgegeben von Stephan Stachorski

Band 16844

Thomas Mann lehnt es nach dem Ende des Zweiten Welt-
krieges ab, nach Deutschland zurückzukehren. Er zieht es
vor, sich von Amerika aus für den Aufbau eines geistig-
moralisch erneuerten Staates einzusetzen. Doch der sich bald
abzeichnende Kalte Krieg läßt Thomas Mann befürchten,
daß Amerika auch ein vom Faschismus nie wirklich befreites
Deutschland als Bündnispartner im Kampf gegen den Kom-
munismus akzeptieren könnte. Trotz vielfältiger Kritik besucht er anläßlich der Goethe- und Schiller-Gedenkfeiern
1949 und 1955 beide Teile Deutschlands, um seine Idee der
Aussöhnung nachdrücklich zu bekunden.

Erstmals versammelt dieser Band die wichtigsten Texte Thomas
Manns, die seine Auseinandersetzung mit Deutschland nach
1945 verdeutlichen. Nicht nur Reden und Aufsätze, sondern
auch Tagebucheintragungen und zum Teil bisher unveröffent-
lichte Briefe werden berücksichtigt. Unterstützt von kurzen
Erläuterungen bietet sich ein erstaunlich vielschichtiges Bild
von Thomas Mann, das ihn als kritischen Begleiter Deutschlands zeigt.

Fischer Taschenbuch Verlag

fi 16844 / 1

Thomas Klugkist
49 Fragen und Antworten zu Thomas Mann
Band 15977

War Thomas Mann typisch deutsch? Warum sind Thomas Manns Werke so dick? War Thomas Mann Schopenhauerianer? War Thomas Mann ein guter Vater? Warum hat Thomas Mann überhaupt geschrieben? War Thomas Mann verklemmt? Ist Thomas Mann überhaupt noch zeitgemäß?

Trotz umfangreicher Biographien und Fernsehfilme sind immer noch viele Fragen offen. Über keinen Autor sind so viele Gerüchte im Umlauf wie über Thomas Mann, kein anderer Schriftsteller wird so hoch gelobt und gleichzeitig so verdächtigt – menschlich wie politisch. Thomas Klugkist hat alle Fragen gesammelt, die in den Medien, auf Partys und in Schulklassen hartnäckig kursieren, und beantwortet sie ohne falschen Respekt, aber mit viel Entdeckerlust und erfrischendem Humor.

»49 Thomas-Mann-Klischees, unter die Lupe genommen
mit ironischer Präzision – ein erfrischend origineller
Zugang zu einem Mann, über den alles gesagt schien.«
Hermann Kurzke

Fischer Taschenbuch Verlag